乙巳除夕 을사제석

을사년 섣달 그믐날에

면암 최익현 외

포천문향천년 3집

乙巳除夕 을사제석
을사년 섣달 그믐날에

면임 최익현 외

문학공원

발간사

　인간은 역사 속에 존재하는 생명체로서 가장 많은 가치를 인정받으면서 그 존엄성의 보존을 위해서 노력하고 있습니다.
　인간은 살아가면서 역사를 만들고 역사는 인간이 만들어 놓은 현실을 지킴으로써 장고의 시간 속에서 살아있다 해도 과언을 아닐 것입니다. 그러한 가치의 인정은 우리 스스로 지키면서 자긍심으로 충족시켜야 함에 긴 역사 속에서 뒤돌아볼 수 있는 기록을 만들어 놓은 것입니다. 문화의 영역은 농촌과 도시. 산과 바다. 지위의 고하. 국가에 대한 충성도. 우정 등 이루 헤아릴 수 없이 넓은 테두리를 보장하고 있습니다. 우리들은 성현들이 남긴 글을 보존하여야 하는 사명감을 갖고 있습니다. 그러나 글을 찾아내어 발표하지 않으면 아무소용이 없는 것이며 이를 세상에 알림으로서 우리의 임무가 완성되고 역사지킴이로서의 책임을 다하는 것이라 하겠습니다.
　또한 지금까지 다서 소홀하게 여겨온 옛 어른들의 발자취도 함께 그려 볼 수 있는 기회로 삼아 포천시민의 자존심을 고취시킴은 물론 지식의 한 부분을 차지하도록 하여야할 것입니다.

따라서 우리 포천지역에는 많은 성현들의 글이 전해 내려오고 있으나 어떤 이유로 알려지지 않음으로서 안타까운 마음이 서려 있던 중 성현 5인을 선정하여 역사 속에서 주고 받은 향기를 실어보았습니다 애국. 우정 등의 대화내용이 포천시민 여러분들에게 역사의 산물로 남기를 기대하면서 이러한 기회를 제공해 주신 를 주신 서장원 포천시장님과 김종천 포천시의회 의장님께 깊은 감사의 인사를 드립니다.

포천문인협회장 이원용 드림

축사

안녕하십니까? 국회의원 김영우입니다.

먼저, 포천 출신의 면암 최익현 선생님, 소총 홍유손 선생님, 불정 홍지성 선생님, 수항 김문곡 선생님, 촌로 김성대 선생님의 숨겨진 시들을 찾아내어 번역출간하게 되는 『포천문향천년』 제3집 발간을 진심으로 축하드립니다.

책자에 담겨진 이름처럼 인류가 남긴 소중한 작품들은 천년이 지나도 그 문학의 향기가 변하지 않고 사람들의 심금을 울리는 진한 감동을 줄 수 있다고 생각합니다.

아울러 이런 소중한 작품을 사장되지 않게 발췌해내어 발간해주신 손길위에 큰 행복이 가득하시길 바랍니다.

시대가 변함에 따라 우리는 점점 더 바쁜 일상을 보내고 있으며, 마음의 여유는 물론 정신적 삶이 삭막해지고 있습니다. 또한, 문명의 발전에서 파생된 많은 부산물들은 사람의 사고를 점점 퇴화시키는 것 같습니다. 이런 때일수록 문학과 동반하는 삶이 필요합니다.

문학이 우리 삶에 끼치는 영향은 지대합니다. 좋은 책을 접하는 것, 특히 학문적으로 고귀한 업적을 남기신 선조들의 작품에 심취하게 된다면 우리의 삶을 정화시키고 긍정적 에너지를 만들어내는 힘이 될 것입니다.

이런 점에서 포천시민은 위대한 선현들이 많이 존재하셨던 자체로 행복해야합니다. 앞으로 포천시민은 높은 긍지를 가지고 보다 깊게 선현의 작품세계에 몰입하실 수 있기를 바랍니다.

아무쪼록 『포천문향천년』 제3집' 발간을 다시 한 번 축하드리며, 포천문향천년의 무궁한 발전을 기원드립니다.

감사합니다.

포천·연천 국회의원 김 영 우 드림

축사

　포천은 건국이후 특히, 고구려 시대부터 많은 역사적 변화를 거치면서 예로부터 많은 인물을 배출한 고장입니다.
　그러한 예술적 감각은 우리 역사에 흔적으로 남아 지금까지 보존되어오고 있음은 훌륭한 가치를 인정받았다는 사실이며 후손에게 널리 알리라는 근거일 것입니다.
　포천은 예로부터 외세의 침략로로 이용되어 왔습니다. 그것은 지형적인 면에서 살기 좋은 수도권을 가까이 하고 있음은 물론 산맥과 평야가 고루 분포되었기 때문일 것입니다.
　포천은 예로부터 풍흉이 없는 고장이라고 했습니다. 그 이유는 수자원과 농토와 인물들이 고루 분포되었다는 징표로서 그만큼 살기 좋은 고장이라는 표시이지요.
　그러한 역사 속에서 훌륭한 인물이 태어나고 그분들이 남기신 문향을 우리들은 조금이라도 느끼는 시간을 가지기 위하여 노력해야 할 것입니다. 그러기 위해서는 선현들의 글과 흔적을 잘 보살피고 보존해야 할 것임에 그 노력은 우리들의 몫일 것입니다.

예술이 가장 긴 수명을 보존하도록 노력함은 우리들의 혼을 모아야 하는 사명감인바 그러기 위해서는 우리자신이 지킴이 역할을 다해야 할 것이므로 그러한 노력의 일환으로 포천을 지키고자 노력하시는 포 문인협회 이원용 회장님과 회원여러분께 감사드립니다.
　더 큰 문향을 기대합니다.

포천시장 서 장 원 드림

축사

　현대는 예술의 숲에서 살고 있다 해도 무리는 아닐 정도로 문화와 예술은 우리의 생활에 깊이 스며있습니다. 그러한 문화는 우리가 스스로 개척하고 보듬고 보존하면서 좀 더 나은 가치로 인정받아야 하지요. 그러나 그 문화는 우리들의 혼이 배어 있어야 하고 그 고귀한 열정은 우리 민족의 고귀한 예술혼을 이어 받았기 때문이라고 생각합니다.
　예로부터 우리 선현들은 문화와 예술을 사랑하시어 그 혼이 지금까지도 우리의 생활 안에서 머물게 하고 더러는 보존되어 오면서 간혹 우리들을 감동케 하고 있지요.
　그러한 역사의 지킴이로서 보존과 알림의 기회는 우리들의 임무인바 이번에 면암 최익현 선생 외 몇 분의 애국혼이 담긴 시들을 접하게 됨을 기쁘게 생각합니다.
　포천에서 태어나신 분들의 시향 중에 아직도 잘 알려지지 않은 부분을 개척하기란 그리 쉽지 않음에도 다소 늦은 감이 있지만 이번기회에 자주 접하는 시금석이 되었으면 하는 바램입니다.

현대와 과거는 역사라는 과정에서 시대적인 구분으로 표시할뿐 그 의미는 동일하다고 할 것입니다. 그러므로 우리들은 선현들의 문화와 예술을 높이 인정하고 보존하여야 할 것입니다.
　이러한 공간을 자리매김하기 위하여 노력하시는 포천문인협회 이원용회장님 이하 회원여러분께 감사드립니다.

포천시의회 의장 **김 종 천** 드림

解題 해제

　이 문집은 한말의 거유 최익현(崔益鉉) 선생의 문집이다. 선생은 순조22년(1833) 12월 5일에 경기 포천현(抱川縣) 내북면(內北面) 가채리(嘉茞里)에서 동중추(洞中樞) 대(岱)의 차남으로 태어났다. 초명은 기남(奇男)이며 본명은 익현, 자는 찬겸(贊謙), 호는 면암, 관향은 경주, 나말의 거유인 문창후(文昌侯) 최치원은 바로 선생의 시조이다.
　14세에 당시의 대유 화서(華西) 이항로(李恒老) 선생 문하에서 수학하고 23세에 명경과(明經科)에 급제, 권지 승문원 부정자(權知承文院副正字)에 임명되니 선생의 첫 벼슬이다. 24세에 성균관 전적(成均館典籍)을 거쳐 25세에 순강원 수봉관(順康園守奉官)에 임명되어서는 권세를 믿고 경내에 몰래 쓴 종실의 투장(偸葬)을 권세에 굴하지 않고 끝내 파내게 하고 말았으니 그 기개를 알 만하다.
　이어 사헌부 지평 · 사간원 정언 · 이조 정랑 · 신창현감 · 예조 좌랑 · 성균간직장(成均館直講)을 두루 역임하고, 36세(1868년)에 사헌부 장령에 임명되어서는 시폐사조소(時弊四條

疏)를 올려, ① 토목 역사를 중지하고, ② 취렴 정치를 금하며, ③ 당백전(當百錢)을 혁파하고, ④ 4대문 문세(門稅) 징수를 금지하라고 주장하여 대원군을 공격하였다. 이로 말미암아 관직이 삭탈 되었으나 오히려 영명(令名)은 이로부터 온 나라에 퍼졌다.

1873년에 승정원 동부승지에 제수되고서는 동직을 사퇴하는 상소를 올리면서 대원군의 비정(秕政)을 공격하여 그토록 위세 당당하던 대원군의 10년 세도를 일조에 붕괴시켰으니,

첫째 "晩近以來 政變舊章 人取軟熟 大臣六卿 無建白之議 臺諫侍從 避浩事之謗 만근이래 정변구장 인취연숙 대신육경 무건백지의 대산시종 피호사지방"이라 하여, 정치가 문란해 가는데도 정론·직언이 없음을 지적하였고,

둘째 "朝廷之上 俗論恣行而正誼消 諂佞肆志而直士藏 賦斂不息 生民魚肉 彝倫斁喪 士氣沮敗 조정지상 속론자행이정의소 첨망사지이직사장 부렴불식 생민어육 이륜도상 사기저패"라고 통박하고,

셋째 "事公者 爲之乖激 事私者 謂之得計 無恥者 沛然而得時 有守者 茶然而濱死 사공자 위지괴격 사사자 위지득계 무치자 패연이득시 유수자 날연이빈사"라 하여 이 때문에 천재·지변과 흉풍이 무상하여 국세와 민생이 말도 아니건만,

"不念過福之災 隋行遂隊 呼唱道路 羊羊自是 而無所顧忌 불염

과복지재 수행수대 호창도로 양양자시 이무소고기"라고 하여 거의 노골적인 공격을 서슴지 않았다.

이에 대원군은 자기의 당여(黨與)를 총 동원하여 반박하고 선생의 처벌을 주장하였으나 이미 만기(만기)를 친재(친재)하기로 결심한 국왕 고종(고종)은 선생을 두호하여 호조참판에 제주하고, 선생 규탄에 나선 요로 대관을 도리어 처벌 축출하는 동시에 11월 5일에는 만기 친재의 뜻을 조보(조보)로 발표하였다. 그리고 대원군이 전용하던 궐내의 출입문도 하루 아침에 폐쇄하고 말았으니, 대원군의 몰락 과정이 이처럼 전격적으로 촉진될 줄이야 누가 알았으랴.

같은 해 11월 3일에 다시 호조참판을 사직하는 상소에, 오조대의(五條 大義)를 붙여 전에 다하지 못한 뜻을 폈다. 그러나 삼사(三司)의 탄핵과 모든 관인의 공격으로 선생은 금부(禁府)에 피수되어 관직이 삭탈되고 제주도 위리안치(圍籬安置)의 명을 받았다. 1875년 3월 해배(海配)된 선생은 이듬해 정월, 왜선이 강도에 들어와 수호조약을 강요하자 즉시 입성하여 도끼를 등에 메고 대궐에 나아가 다음과 같은 '오난망(五亂亡)'의 척화소(斥和疏)를 올려 수호를 반대하였다.

臣聞賊船之報 意謂廊廟之上 當有定論 側聽累日 尙無所聞
신 문 적 선 지 보 의 위 낭 묘 지 상 당 유 정 론 측 청 누 일 상 무 소 문

外間喧傳 意在求和萬口同墳 四境洶凶 此設施行 殿下之事去
외 간 훤 전 의 재 구 화 만 구 동 분 사 경 흉 흉 차 설 시 행 전 하 지 사 거

矣 和出於彼之乞憐 而强在我 足以制彼 其和可恃也 畏怯而
의 화출어피지걸린 이강재아 족이제피 기화가시야 외겁이

求和 則爲目前姑息 向後谿壑之慾 何以充 所以亂亡者 一也
구화 즉위목전고식 향후계학지욕 하이충 소이난망자 일야

彼之物貨 皆淫奢寄玩 而我之物貨 民命所奇 通商不數年 無
피지물화 개음사기완 이아지물화 민명소기 통상불수년 무

復支存 國必隨亡 此亂亡者 二也 披獸托倭 其實兩賊 和事
부지존 국필수망 차난망자 이야 피수탁왜 기실양적 화사

一成 邪學傳授 遍滿一國 此亂亡者 三也 彼欲下陸往來 築臺
일성 사학전수 편만일국 차난망자 삼야 피욕하륙왕래 축대

而居財帛 婦女惟意所願 此亂亡者 四也 倡爲此說者 引兵子
이거재백 부녀유의소원 차난망자 사야 창위차설자 인병자

南漢事曰 丙子講和後 彼此交換 至今若盤石 今日何獨 不然云
남한사왈 병자강화후 피차교환 지금약반석 금일하독 불연운

彼徒知貨色 無復人里 與彼和好 不知其何設 此亂亡者 五也
피도지화색 무부인리 여피화호 부지기하설 차난망자 오야

異日秉春秋筆者 大書其事曰 某年某日 洋人入朝鮮 盟于某地
이일병춘추필자 대서기사왈 모년모일 양인입조선 맹우모지

云 是則箕聖故彊 一朝沒於腥塵也 我純祖時 洋人潛入 譏捕
운 시즉기성고강 일조몰어성진야 아순조시 양인잠입 기포

誅鋤 亦我憲宗 凡人譏詞者 悉加顯戮 此非殿下之家法乎 今
주서 역아헌종 범인기형자 실가현륙 차비전하지가법호 금

倭之來者 服洋服 用洋砲 乘洋船 此倭洋一體之明證也 奈之
왜지래자 복양복 용양포 승양선 차왜양일체지명증야 나지

何爲其所瞞哉
하위기소만재

선생은 이 일로 인하여금부에 수감되었다가 흑산도(黑山島) 귀양길에 올랐다.

1895년 6월 청토역복의제서(請討逆復衣制疏)를 올려 일본의 내정간섭을 규탄하고 외세에 추부(趨附)하는 관료와 그들에 의한 일련의 개혁을 비난하였다. 이 해 8월에 명성왕후(明聖王后)가 일본인 낭인배(浪人輩)에 의해 시해되고 11월에는 단발령이 내려져 전국이 소란해지자, 선생인 내부대신(內部大臣) 유길준(兪吉濬)에 의해 붙잡혀, 서울 전동(典洞)에 감금되었다. 이것이 단발을 적극 반대하는 선생의 뜻을 꺾음으로써 전국적인 단발을 속행하려는 계략에서 나온 것으로, 유길준은 조칙(詔勅)과 무력으로 위협하였으나 선생은 의연한 태도로 "내 머리는 잘라도 내 머리카락은 자를 수 없다."고 왕강하게 거부하였다.

왕비시해와 의제 개혁, 단발령에 반대하여 전국 곳곳에서 의병이 봉기하자 건양 원년(1896)에 각지의 의병들을 선유(宣諭)하여 진압시키라는 선유 대원(宣諭大員)의 칙령이 내려지며 선생은 이에 사직소를 올리고 오히려 의병의 부득이한 충정과 토역(討逆)의 불가피성을 소리높여 외쳤다. 이듬해 9월에 의정부 찬성에 임명되었으나 사의정부찬정소(辭議政府贊政疏)를 올리고 출사하지 않았고, 다시 10월에 상소하여 시무 십이조(時務 十二條)를 올려 수무비(修武備)·명대의 등의 간곡한 충정을 밝혔으며, 다시 궁내부 특진관(宮內府特進官)에 임명되었으나 사직 상소와 함께 토역의 시급함을 강조하였다.

선생이 68세 되던 광무(光武) 4년(1900)에 호서의 정산(正山 지금의 충남 청양군 목면 송암리)으로 이사를 하고 의병을 일

으키기 위한 준비 작업을 서둘렀다. 광무 8년에 고종은 날로 기울어져가는 국세에 선생의 협찬을 얻기 위하여 밀유(密諭)를 내리고 이어 궁내부 특진관·의정부 찬성 등의 벼슬로 불렀으나 모두 사양하고 나가지 않았다. 그러나 선생은 날로 기울어져 가는 국운을 좌시할 수 없어, 동년 12월에 수옥헌(漱玉軒)에 입대(入對)하여 고종에게 시급한 정무 5조를 수차(袖箚)로 올렸다.

이리하여 반일 거두(反日巨頭)로 지목된 선생은 광무9년에 이르러 일본군 사령관 장곡천호도(長谷川好道)에게 붙잡혀 감금되었으나, 장곡천호도는 선생의 엄정한 의리와 헌헌(軒軒)한 기백에 눌려 수일 후에 선생을 포천으로 압송하였다. 선생은 다시 서울에 올라와 일본의 간계와 국사의 일비(日非)를 밝히려는 상소를 준비하던 중 다시 일본 헌병대에 체포되어 감금되었다가 정산으로 압송되었다. 이해 10월 21일, 우리 민족 천추의 치욕인 을사 5조약이 늑결(勒結)되자 11월에 5조약에 반대 청토오적소(請討五賊疏)를 올리느 한편 포고팔도사민(布告八道士民)을 발표하고, 12월에 충남 노성 궐리사(闕里祠)에서 동지들을 모아 강회를 열고 왜적 배척을 위한 서고조약(誓告條約)을 결의하였다.

망국의 한을 품은 70고령의 선생은 최후 수단인 의병 활동에 투신키로 결심하고 2월에 가묘(家廟)에 결별을 고하고 호남으로 내려가 자신의 제자이며 전 낙안군수인 임병찬(林秉瓚)을 찾아 의거를 준비한 뒤, 태인 무성서원(武城書院)에서 창의(倡義)

의 의기(의기)를 들고 격문을 사방에 돌리며 왜국 공사관에 '기일본정부서(奇日本政府書)'를 보내 그들의 죄목을 성토하였다. 의병은 정읍·순창을 거쳐 곡성에서 시위하고 다시 순창으로 회군, 6월에 관군과 왜군에 의해 공격을 받게 되었다. 이 때 선생은 "왜놈이라면 한 놈이라도 더 죽여야 한다."하고 직접 싸워 죽을 결심을 하였으나, 공격해오는 적의 대부분이 전주와 남원의 진위대(鎭衛隊)인지라, 동족상잔(同族相殘)은 할 수 없다고 의병하게 대항을 중지시켜, 결국 선생은 제자 임병찬과 함께 왜적에게 체포되어 서울로 압송, 일본군 사령부의 선고로 대마도 엄원위수영(嚴原衛戌營)에 수감되어 왜적이 주는 음식을 전폐하고 단식으로 투쟁, 1906년 11월 17일 74세의 일기(一期)로 적지에서 순국하였다.

선생의 저술은 선생이 서거한 뒤 그 문인들과 강호(江湖)의 우림들이 모여 완성한 『면암선생문집』에 대부분 수록되어 있다. 오늘날 전해지고 있는 선생의 문집(신미본, 1931)은 48권 24책으로 편제되어 있다.

이보다 앞서 선생의 문집 편찬사업은 1907년 봄에 착수되어 이듬해 겨울에 완성을 보게 되었던 바, 그 내용은 본집 40권에 부록 4권, 속집 2권이 추가되어 모두 46권 23책이었다. 이것이 『면암문집』 초간본으로 무신본(戊申本)이다. 그러나 선생의 문집에는 일제가 꺼려하는 부분이 많은 데다가 그것이 발간 반포됨으로써 빚어질 배일사상의 점고(漸高)를 꺼린 일제는, 당시 인쇄된 전질 중에서 상소편 4권, 서편 6권, 잡저편2권, 연보 4권, 속집 2권 등 모두 18권이 소위 저들이 말하는 바 불온사상이 담긴 것이라 하여 일제 관헌(官憲)에 의해 압수되고 원판은 훼손(毀損)되었다. 다행하게도 당시에 인출된 300질 중에 50질이 완전하게 보존될 수 있었던 것이 얼마나 고마운 일인지 모르겠다.

이렇듯 초간본은 일제에 의하여 문집마저 할퀴고 뜯겨진 채 불완전한 모습으로 세상에 소개되어 뜻있는 이로 하여금 가슴을 아프게 하였다. 그리하여 1930년에 이르러 선생의 문인인 조우식(趙愚植)·오병남(吳秉南) 등에 의해 중간본이 나오게 되었으니, 이것이 오늘날 전해지고 있는 신미본(辛未本)으로 이것은 초간본인 무신본의 낙질된 18권을 보완하고 다시 속집 2권을 추가하여 48권 24책으로 완성되었다.

이제 신미본의 편제를 살펴보면, 권 1~2 시(詩), 권 3~5 소(疏), 권 6~15 서(書), 권 16 잡저(雜著), 권 17~19 서(序)·제문(祭文), 권 20~22 기(記), 권 23~24 발(跋)·명(銘)·찬(贊)·고축(告祝)·제문(祭文), 권 25 비(碑)·신도비(神道碑), 권 26~30 묘갈(墓碣), 권 31~34 묘표(墓表), 권 35~36 묘지(墓誌), 권 37~39 행장(行狀), 권 40 유서(遺事)·전(傳), 속집 권 1시·서·기, 권 4 발·제문·묘갈·묘표·묘지·행장·유사이다.

차 례

발간사 - 이원용 포천문인협회 회장 _ 4
축　사 - 김영우 국회의원 _ 6
축　사 - 서장원 포천시장 _ 8
축　사 - 김종천 포천시의회 의장 _ 10

解題 해제 _ 12

1부 제주, 흑산도에서

掛弓軒次板上韻 癸酉 괘궁헌차판상운 계유 _ 30
別李都事 元儀 還京 별이도사 원의 환경 _ 34
別刀鎭乘船 乙亥 별도진승선 을해 _ 38
武陵洞槐陰下拈枝字 무릉동괴음하염지자 _ 40
順天士人趙種憲靈河權默入來 相守數日 拈韻共賦 丙子
순천사인조종헌영하권묵입래 상수수일 염운공부 병자 _ 42
暮春登山 모춘등산 _ 44
偶吟 우음 _ 46
黃菊 황국 _ 48
傷秋 상추 _ 50

우이 소흑산 일명에 올라 즉시 부름 _ 52

登牛耳 小黑山一名 口號 등우이 소흑산일명 구호 _ 58

次重庵金丈 平黙 寄示韻 차중암김장 평묵 기시운 _ 60

酬朴道謙 海量 수박도겸 해량 _ 62

傷時 상시 _ 68

牛耳郞事 우이랑사 _ 72

向大黑山舟中口號 丁丑 향대흑산주중구호 정축 _ 74

暮泊鎭村 모박진촌 _ 76

宿深村 숙심촌 _ 78

門巖峰 문안봉 _ 80

仙遊峰 선유봉 _ 82

骨九尾 골구미 _ 84

更賦門巖 갱부문암 _ 86

再入大黑 定頓書塾 扁其楣曰 日新堂 有六七冠童 朝夕問字 頗慰湘纍之懷 재입대흑 정돈서숙 편기미왈 일신당 유육칠관동 조석문자 파위상류지회 _ 88

初月 초월 _ 90

重陽 중양 _ 92

古松 고송 _ 94

漫成 만성 _ 96

戊寅暮春 同課徒三四人 發仙遊之行 路中拈韻得生字 무인모춘 동과도삼사인 발선유지행 로중염운득생자 _ 98

宿沙村人家 숙사촌인가 _ 100

歸路拈加字 귀로염가자 _ 102

舟于永山前洋 주우영산전양 _ 104

金在卿 衡培 讀書士也 識荊於瀛州 重會于黑山海上 其喜可掬 詩以見地
김재경 형배 독서사야 식형어영주 중회우흑산해상 기희가국 시이견지 _ 106

暎山島題主人 催權仲 壁上 영산도제주인 최권중 벽상 _ 110

指掌巖刻字後拈韻 지장암각자후염운 _ 112

步出松陰 보출송음 _ 116

別金子元 별김자원 _ 118

新年得韻 己卯 신년득운 기묘 _ 120

留別黑山書社諸君 유별흑산서사제군 _ 122

拜簏沙奇丈 正鎭 배노사기장 정진 _ 124

趙景賓 昌顯 上黨秀士也 原來相訪 其意可感用短韻十五 忘拙貢贐 詩云乎哉 聊以志後日不忘之資云爾 조경빈 창현 상당수사야 원래상방 기의가감용단운십오 방졸공신 시운호재 료이지후일불망지자운이 _ 126

別强窩尹而晦 景溥 별강와윤이회 경부 _ 132

奉贐愚拙李希深 봉신우졸이희심 _ 134

四月三日與諸友發金剛之行 壬午
사월삼일여제우발금강지행 임오 _ 136

途中口號 도중구호 _ 138

2부 금강산과 포천 일대에서

−자연을 노래함

禾積淵 화적연 _ 142

北寬亭 북관정 _ 144

滄浪亭 창랑정 _ 146

彼襟亭 피금정 _ 148

長安寺 洞口 장안사 동구 _ 1450

靈源洞 영원동 _ 152

次靈源判菴板 上韻 차영원판암판 상운 _ 154

歇惺樓次板 上韻 헐성루차판 상운 _ 156

萬瀑洞 만폭동 _ 158

普德屈 보덕굴 _ 160

金剛水 금강수 _ 162

衆香城 중향성 _ 164

毘盧峯 비로봉 _ 166

依韻酬應溟 의운수응명 _ 168

萬物草 만물초 _ 170

九龍洞 구룡동 _ 172

玉流洞 옥류동 _ 174

飛鳳瀑 비봉폭 _ 176

金蘭屈 금란굴 _ 178

依韻酬高低李友 의운수고저이우 _ 180

元山 南山 원산 남산_ 182

飄飄然亭 표표연정 _ 184

駕鶴樓 가학루 _ 186

釋王寺 석왕사 _ 188

分水嶺 분수령 _ 190

遼東伯廟 요동백묘 _ 192

高石亭 고석정 _ 194

蓴潭 순담 _ 196

三釜淵 삼부연 _ 198

龍華 용화 _ 200

梁文路中 양문노중 _ 202

3부 사람을 귀하게 여김

효자 오인식의 분암 현판시를 차운함 _ 204
次吳孝子 寅植 墳庵板 上韻
차오효자 인식 분암판 상운 _ 208
和贈盧娍五 應奎 李英汝 基春
화증노성오 응규 이영여 기춘 _ 210

鄭應善 鳳基 與同志諸士友聯袂遠顧
정응선 봉기 여동지제사우연몌원고 _ 212

次金子元智島頭流山韻
차김자원지도두류산운 _ 214

堯山夜會 요산야회 _ 216

晬日志感 쉬일지감 _ 218

晬日志感 쉬일지감 _ 222

河濱驛拈韻共別 하빈역점운공별 _ 224

疊前韻贈趙忠吾 東夏 歸南原 첩전운증조충오 동하 귀남원 _ 228

錦江途中 금강도중 _ 230

支石理排立齋宋相公 近洙 지석리배립재송상공 근수 _ 232

搜勝臺次退溪先生韻 수승대차퇴계선생운 _ 234

登頭流山 등두류산 _ 236

天王峯 천왕봉 _ 238

籠山亭 농산정 _ 240

矗石樓次退溪先生韻 촉석루차퇴계선생운 _ 242

布德門外待命甲辰 포덕문외대명갑진 _ 244

被囚日獄口號 乙巳 피수일옥구호 을사 _ 246

自日獄押還本第李君陽來 道服 遠來相慰
자일옥압환본제이군양래 도복 원래상위 _ 248

追次定山校宮飮禮韻 추차정산교궁음례운 _ 250

乙巳除夕 을사제석 _ 252

日獄中黙會 五絶十四首

일옥중묵회 오절십사수 _ 254

對馬島囚館贈先來九人
대마도수관증선래구인 _ 264

同囚諸君太牢露髻勸使各製緇布冠以著之
동수제군태뢰로고권사각제치포관이저지 _ 270

衛戍營賦所見 위술영부소견 _ 272

主人島雄蔣介借屋款接頗有慇懃底意與諸君各賦一律書贈
주인도웅장개차옥관접파유은근저의여제군각부일률서증 _ 274

通譯阿比留爲人遜良書贈一絶
통역아비유위인손양서증일절 _ 276

步兵三澤增治乞詩 보병삼택증치걸시 _ 278

通譯大浦茂太乞詩 통역대포무태걸시 _ 280

述懷 술회 _ 282

八幡神祠在囚館傍島俗以仲秋祭之連三日男女老少會同遊賞
팔번신사재수관방도속이중추제지연삼일남녀노소회동유상 _ 284

贈通譯中島高 증통역중도고 _ 286

兵士陶山傳爲厥祖求詩
병사도산전위궐조구시 _ 288

通譯佐護質求詩 통역좌호질구시 _ 290

步韻謝朴佐郞 奎容 보운사박좌랑 규용 _ 292

依韻酬金亮日 洛昇 의운수김양일 낙승 _ 294

贈吳聖陽 鳳承 증오성양 봉승 _ 296

贈林國炯 應喆 증임국형 응철 _ 298

祚兒告歸倉卒口號 조아고귀창졸구호 _ 300
是日卽重陽也山川雖異黃花猶在感物述懷
시일즉중양야산천수이황화유재감물술회 _ 302
贈曺公習 在學 증조공습 재학 _ 304

속집 수록편

謫廬偶感 적려우감 _ 308
黑山秋懷 흑산추회 _ 310
黑山叙懷 흑산서회 _ 312

4부 篠叢 洪裕孫 先生 詩
소총 홍유손 선생(1431~1529) 시

靑藜杖 청려장 _ 318
七夕 칠석 _ 320
夜起啜粥 야기철죽 _ 322
述懷 술회 _ 324
憶長安 억장안 _ 326
月夜出城 월야출성 _ 328
使相送鹿脯 사상송녹포 _ 330
奉辭使華 봉사사화 _ 332

待風出城 대풍출성 _ 334

行箱紙盡 得句不敢寫 행상지진 득구불감사 _ 336

入楸子島 입추자도 _ 338

題金剛山 제금강산 _ 342

圓覺寺東上屋 金守溫徐居正洪允成呼韻 時金時習悅卿在座之右
원각사동상옥 김수온서거정홍윤성호운 시김시습열경재좌지우 _ 344

5부 佛頂 洪至誠 先生 詩
　　　불정 홍시성 선생(1528~1597) 시

別 峒隱 李宜仲 (義健) 별 동은 이의중 의건 _ 352

思庵先生詩次韻 사암선생시차운 _ 354

降雪後 강설후 _ 358

6부 金文谷 諱 壽恒 留贈 參奉公分山詩
　　　김문곡 휘 수항(1629~1689) 유증 참봉공분산시

白雲山 留贈金君聲大 백운산 유증김군성대 _ 362

　　參奉公 贈 大司憲 金聖大 答詩
　　　참봉공 증 대사헌 김성대(1622~1695) 답시

參奉公詩 참봉공 시 _ 364

1부

제주, 흑산도에서

掛弓軒次板上韻 癸酉
괘궁헌차판상운 계유

漢拏山一點 한라산일점
積水渺茫中 적수묘망중
傀乏元城操 괴핍원성조
肯嫌屈子窮 긍혐굴자궁
光迎蓬海月 광영봉해월
香襲橘林風 향습귤임풍
萬里君親遠 만리군친원
緣何罄素衷 연하경소충
遊遠男兒事 유원남아사
八荒亦室中 팔황역실중
北瞻天極逈 북첨천극형
南渡地形窮 남도지형궁

괘궁헌에서 현판의 시를 차운함 계유

우뚝 솟은 한 점의 한라산
아득한 바다에 떠 있구나
원성 같은 지조* 없어 부끄러울 뿐
굴자**의 궁함이야 어찌 흠이리
밝은 빛은 봉해의 달을 맞이하고
맑은 향기는 귤림에서 풍겨오네
임금과 어버이 먼 곳에 계시니
한 조각 이 마음 어디다 바치오리
먼 곳에 노니는 건 남자의 일이라
논 누리도 한 방안과 같다오
북을 바라보니 천국은 아득하고
남쪽을 건너니 땅도 막다랐네

---

* 원성(元城) 같은 지조 : 원성은 송나라 사람 유안세(劉安世)를 가리킴. 그 출생지가 원성임. 그는 宋나라 휘종(徽宗)을 때 7차례나 귀양생활을 겪는 등 수많은 역경을 거치면서도 그의 지조는 조금도 변하지 않았다.
** 굴자(굴자) : 전국시대(戰國時代) 사람인 굴원(屈原)을 가리킴. 그는 초나라 국성이었는데 나랏일이 날로 잘못되어 가는 것을 보고 나라 망하는 것은 차마 볼 수 없다고 하고 백라수(泊羅水)에 빠져 죽었다.

百念都成水　백념도성수
一帆但信風　일범단신풍
巴翁當日事　파옹당일사
徒激後人衷　도격후인충

모든 시름은 물같이 흘러가고
조각 돛을 바람에 맡겼어라
파옹*의 그때 일을 생각하면
후인의 가슴만 격분하네

---

* 파옹(巴翁) : 우암(尤庵) 송시열(宋時烈)을 가리킴, 그가 파관(巴串)에서 살
 았음으로 파옹이라 한다

別李都事 元儀 還京 별이도사 원의 환경

野氓干時政 야맹간시정
朝著不從容 조저불종용
衆咻如鼎沸 중휴여정비
三司暨百工 삼사기백공
所以人心變 소이인심변
多在禍色中 다재화색중
君獨奚取我 군독해취아
有若乃己恫 유약내기통
王事日靡鹽 왕사일미고
萬里駕遠風 만리가원풍
路迷嶺雪白 로미령설백
衣濕江雨濛 의습강우몽
隱憂駭機作 은우해기작
聲設行資窮 성설행자궁
凡屬疑謗處 범속의방처
拳拳一始終 권권일시종
纔涉瀛洲境 재섭영주경

서울로 돌아가는 이도사 원의를 작별함

야인이 정치에 간여하니
조정이 조용하지 않을 수밖에
비방 소리는 물 끓듯 하니
삼사와 백관이 똑 같은 소리
이 때문에 인심이 발칵 뒤십혀
모두가 공포에 싸여 있네
어이하다 그대 홀로 취해서
자기 아픔처럼 여겨 주는가
나랏일은 등한해선 안 되는 거라
긴 바람을 타고 만리를 가네
눈이 쌓여 길조차 희미하고
옷에는 강비가 함초롬 젖에
혹시나 사고를 염려하여
행자가 없다는 소리 하네
무릇 의방이 속하는 곳에는
돌봐주는 마음 시종 한결 같네
제주의 지경을 건너자마자

棘我城之東 극아성지동
沐浴炎瘴窟 목욕염장굴
坐臥魑魅叢 좌와리미총
猶有未盡慮 유유미진려
勸我做盲聾 권아주맹롱
杜門耽書籍 두문탐서적
莫與外人通 막여외인통
恩霈當有日 은패당유일

休道行藏隨處適 휴도행장수처적
風頭入脚古難持 풍두입각고난지

나를 성 동쪽에 가두는구료
자욱한 습기로 온몸을 멱감고
도깨비 모인 곳에 누워 있구나
그래도 염려 놓지 못하여
나에게 바보 되길 권했지
외인과 상통을 부디 마오
은사가 멀지 않고

말 말라 자기 신념 곳을 따라 맞춘다고
바람 앞에 몸 가누기 어렵느니.

別刀鎭乘船 乙亥 별도진승선 을해

幾年絕域隔粉塵　기년절역격분진
四月南風雨露新　사월남풍우로신
山靄都收波面靜　산애도수파면정
一場快做壯遊人　일장쾌주장유인
縹緲靈山不受塵　표묘영산불수진
鹿潭瀛室渡頭新　녹담영실도두신
纍迹雖慚仁智樂　류적수참인지락
庶能誇我遠遊人　서능과아원유인

별도진에서 배를 타면서 을해

낙도에서 몇 해를 세상과 등졌던가
초여름 좋은 풍경 우로마저 새로워라
산안개 걷히고 파도 위는 고요하여
한바탕 장유하는 사람이 되었구료
저 표표한 한라산 깨끗도 한네
백록담 영규실 더욱 새롭구나
나 같은 신세 어찌 산수의 즐거움을 알랴만
그래도 먼 데를 구경했다 자랑하리.

武陵洞槐陰下拈枝字 무릉동괴음하염지자

武陵何處在 무릉하처재
指點老槐枝 지점노괴지
疎族情還密 소족정환밀
幽居樂未移 유거락미이
江深魚産足 강심어산족
山抱樹陰遲 산포수음지
千里偶然客 천리우연객
滴丁梅雨時 적정매우시

무릉동 느티나무 그늘에서 지자를 뽑다

무릉이 어디메뇨
늙은 느티나무 있는 거기로다
소원한 일 같지만 도리어 정이 깊고
깊숙한 생활 낙이 옮기지 않네
강물 깊으니 고기떼 많고
산 돌았으니 나무 그늘 더디더라
우연히 온 천리의 나그네
마침 매우* 철을 만났네

---

* 매우(梅雨) : 5~6월 경 매화 열매가 익을 무렵 오는 비.

順天士人趙種憲靈河權黙入來　　相守數日 拈韻共賦 丙子 순천사인조종헌영하권묵입래 상수수일 염운공부 병자

頻年領海迹堪悲　빈년영해적감비
是處逢人熙可知　시처봉인희가지
群憾盈庭三尺歇　군감영정삼척헐
聖恩減死一帆危　성은감사일범위
圍廬未易團圓會　위려미이단원회
陋境猶多邂逅期　누경유다해후기
日晩江城船發促　일만강성선발촉
强牽征袖覓新詩　강견정수멱신시
意中人自朗之城　의중인자랑지성
囚室飜驚眼霧晴　수실번경안무청
衛國論時難倖免　위국론시난행면
樂吾心處有全生　락오심처유전생
拏山曾感三年間　나산증감삼년간
牛島重團此夜情　우도중단차야정
居久莫嫌滋味薄　거구막혐자미박
家家新麥動歡聲　가가신맥동환성

순천 선비 조정헌과 영암 하권묵이 나에게 와서 수일을 같이 있다가 드디어 시를 짓다 병자

여러 해 귀양살이 슬프기도 하더니
여기서 그대 만나니 즐겁기 한이 없네
소인이 조정에 차니 법이 소용 없고
임금님 은혜 깊으니 조각배 멀구나
여기서 이 모임 어찌 쉬우랴
누추한 곳에서도 만날 기약 있네
가는 임 소매 잡고 시 짓기 바빠하네
바라고 바라던 사람 이제야 왔으니
옥살이 어두운 눈 홀연이 밝아오네
국론을 어겼으니 양화를 면할소냐
이 마음 즐긴 곳에 내 생명 참되리라
한라산 삼 년 동안 그대 물음 고맙고
우이도 오늘 밤 이 모임 즐거워라
이곳에 재미 없다 하지 마라
집집마다 환호성이 높네

暮春登山 모춘등산

瀛洲採藥夢依迷 영주채약몽의미
萍跡重臨黑水西 평적중임흑수서
塞霧連天同闔闢 새무연천동합벽
列山浸海混高低 열산침해혼고저
境寒花懶三春意 경한화나삼춘의
谷邃禽閒盡日啼 곡수금한진일제
滿眼風光隨遇足 만안풍광수우족
且傾樽酒莫催歸 차경준주막최귀

늦은 봄 산에 오르다

옛날 제주에서 약 캐던 일 꿈만 같아
부평 같은 이 신세 오늘 또 흑수 땅에
국경선 짙은 안개 무단히 오락가락
바다 속에 잠긴 산은 높고 낮음 없더라
지대가 차니 꽃은 봄 소식 더디고
골이 깊으니 한가한 새들 자꾸만 울어
한없는 풍경 어찌나 좋아서
돌아가지 말고 또 술 한 잔 부어보세

偶吟 우음

聲言千載也分明　성언천재야분명
島戶猶聞讀字聲　도호유문독자성
可惜滔滔名利窟　가석도도명리굴
每緣身計國憂輕　매연신계국우경

우연히 읊음

세월이 갈수록 성인 말씀 더 분명하지
섬마을에도 글읽는 소리 들려오네
가여워라 저 수없이 날뛰는 무리들
제 몸만 알고 나라 근심 몰라주네

黃菊 황국

佳色兼淸馥 가색겸청복
端宜處士培 단의처사배
羞同桃李節 수동도이절
遲向九秋開 지향구추개

노란 국화

빛깔도 좋지만 향기 더욱 좋아
참으로 처사가 가꿈직하네
봄꽃과 같이 피길 부끄러워하여
늦게야 가을하늘에 저 홀로 피네

傷秋 상추

小戶風生警晝眠　소호풍생경주면
難捧秋色夕陽邊　난봉추색석양변
堪憐昨日瀛洲客　감련작일영주객
又向斯中度一年　우향사중도일년

가을을 슬퍼하다

작은 창 찬바람이 낮잠을 일깨우니
봉마다 가을빛 석양에 잠겼구나
가련한 이 신세 어제는 제주더니
오늘은 또 여기서 한 해를 보내네

우이 소흑산 일명에 올라 즉시 부름

　귀양길에 산에 오르는 즐거움을 겸한 사람은 그리 많지 않다. 그것을 좋아하지 않은 사람은 없겠지만 대개 지기(志氣)를 상실하여 사실상 그렇게 되지 안는 것이다. 금성읍(錦城邑) 서쪽에서 1백리쯤 떨어진 영광(靈光) 다경포(多慶浦)에 이르러서 수로를 따라 착잡히 나열되어 있는 수없는 섬 사이로 향하여 비금내양(飛禽內洋)에 도착하면 곧 대해가 된다. 여기서 서남 방면 40~50리를 가면 산 하나가 우뚝 솟아 2층으로 되어 있는데, 그 앞은 낮아서 북을 향하고 뒤는 높아서 남을 향하여 내외 24개의 섬 중에 가장 높고 웅장하게 떠 있으니, 이것을 곧 우이도(牛耳島)라 한다.
　이 섬 전면 우편에 있는 한 산맥은 웅장한 자세로 동을 향하였고, 뚜 후면 좌편에 있는 한 산맥은 많은 굴곡을 지어 서를 향하고, 평행선으로 경사져 있는 곳은 그곳 사람들의 행로가 되어 있다. 또 그 서쪽으로 한 봉우리가 서벽으로 장식되어 하늘에 우뚝 솟아 있는 데를 지나면 약간 꺼져서 안계를 통한 데가 있어 먼 곳을 바라보는 처소가 되고, 북으로 꾸부러지면서 높은 절벽이 웅장한 모습을 이루고 있는 곳은 곧 굴봉(窟峰)의 절정이다. 그 남쪽에는 크게 열린 바위굴이 있어서 위는 둥글고 밑은 평탄하여 바람과 비를 능히 가리우면서 사람 백 명을 수용할 수 있고, 그 굴의 북쪽에는 천장에서 물이 떨어지는데 그 물맛이 심히 상쾌하다. 또 동북 편 쪽으로 10리 되는 지점에는 곧 본 산과 오른쪽 산이 서로 마주 대하여 나루터를 이루었으니 모든 선박을 대는 곳이다. 그밖에는 작은 산맥이 횡단하여 본산의 안대(案帶)가 되면서 많은 수목들이 울창하니 가도(駕島)라 전하고 있다. 그 중 한 물줄기는 두 봉 사이에서 발원하여 몇 백 보 못 되어 바다로 들어간다.

그리고 우이도 좌편 고개로부터 서쪽 5리 지점에는 사방이 놓고 중간이 깊어서 바다가 보이지 않으니 곧 대촌(臺村)이 있는 곳이요, 대촌을 넘어 서편을 향하면 한 산맥이 나직하게 개울을 안고 선회하면서 남을 향하고 있는 곳이 성촌(星村)이요, 성촌 남쪽에는 산을 등지고 토둔(土屯)을 향하여 모든 암석의 험악한 기운을 해탈한 곳이 곧 저항(猪項)이요, 또 저항으로부터 개울을 거슬러 올라가서 그 남쪽에 당도하면 지맥이 고랑을 이루고 그 비탈에 마치 새집처럼 달려 있는 곳이 예미(曳尾)요, 예미로부터 한 산록과 나루를 지나면 북을 등지고 남을 향한 곳을 바로 소우이(小牛耳)라 부른다.

그러나 여기서 바라보면 멀리 7~8백리 또는 1천리의 주위에 흑산(黑山)·가가(可佳)·태사(苔士)·만자(蔓子)·조도(鳥島)·한라(漢拏) 등의 모든 산봉이 서남을 가리어있고, 또 동북으로는 수 없는 수륙 제산이 천태만상으로 별과 바둑처럼 나열하여 중중 첩첩으로 둘러 있어 우익(羽翼)이 참으로 궁벽하고 험악한 곳이다. 다만 대양(大洋)에 개재해 있으므로 만은 타국(他國) 선박의 표류와 또 적함(敵艦)들의 오가는 것을 절대로 등한시 할 수 없으니 마땅히 국가에서 검열 및 사찰 등의 기관을 두어서 일대 요새지를 만들어야 할 것이다. 더욱이 국가에서 임진란(壬辰亂)을 당해 크나큰 시련을 보았고, 또 호남 일대는 그때의 피해가 가장 컸던 곳인 만큼 모든 연해안 관방(關防)의 적지가 될 수 있는 곳에는 그 지대의 여하를 물론하고 모두 전투의 기계를 진비 설치하여야 할 것이다. 명종(明宗) 병진(丙辰 1556)에 본도 및 흑산도에 각각 병관(兵館)을 설치하고, 각처 부대 중에 가장 경험이 많고 훈련에 능한 사람을 선택하여 보내기로 하되 임기는 반년으로 하고, 매년 춘추로 나누어 윤번제(輪番制)로 실시하게 하였으니 그 민생을 위해 근심한 뜻이 지극하다 할 수 있다. 그러나 그 관(官)만 있을 뿐이요, 밖으로는 개미 같은 군졸 하나도 없을 뿐 아니라, 이것을 통솔 감독하는 기관이 멀리 수백 리 험악한 파도 밖에 있어서 만일 졸지에 해적들이 엄습하여 온다면 우리 병관(兵館)에서 위에 주달(奏達)하는 그 사이에 온 섬 백성은 하소연할 곳도 업이 이미 어육(魚肉)이 되고 말 것이다.

이렇게 보면 이름이 비록 방수(防守)로 되어 있으나 기실은 우리 백성을 적에게 제공하는 것이다. 근일에 있었던 양박(洋舶) 사건*을 보아도 그러한 실정을 명백히 알 수 있다. 이것이 모두 그 당시 방위(防衛)를 맡아 있던 지휘자들의 부족한 생각이 아니었던가 싶다. 내가 제주에서 돌아온 그 이듬해 2월에 왜놈을 곧 양놈과 같다고 지칭한 죄로 다시 이 섬에 들어오게 되었다. 이때 비로소 이 지대가 하늘에 닿는 석각(石角)이 3면을 둘러싸고 동쪽을 향한 한 입구마저도 또 바다로 막혔음을 보았으니, 참으로 하늘이 지은 감옥이 아니었던가?

한번 죽음을 겪은 남은 목숨이 더욱 무섭기만 하여 생명을 보전 못할 것 같더니 급기야 침식을 해보니 수토(水土)가 청감(淸甘)하고 사갈(蛇蝎)이 없을 뿐 아니라 또 금년에는 큰 가뭄으로 인하여 장습(瘴濕)의 기운이 예년에 비해 10분의 3에 지나지 않고, 거민을 대하여 그 말씨를 들어보니 모두 임금을 높이고 신하를 낮추며, 명분을 귀히 여기고 오랑캐를 천하게 여길 줄 아는 것이 절대 조정에 있는 사대부들이 다를 바 아니었다.

세상의 많고 많은 시비와 득실이 일체 귀에 들어오지 않고, 갠 낮, 밝은 밤에 오직 돌밭에 소 모는 소리와 푸른 바다에 노 젓는 노래만 들여온다. 비록 무릉도원(武陵桃源)이 있다 하여도 이 경치에 비하지 못할 것이다.

---

* 양박(洋舶) 사건 : 고종(高宗) 3년(1866)에 있었던 병인양요와 고종 8년(1871)에 있었던 신미양요.

그래서 과거에 있었던 마음에 두렵고 눈에 해괴한 모든 것들이 점차로 소멸되고 의연히 참선(參禪)의 경지에 들어갔다. 이런 뒤에 도산(陶山)의 절요(節要)*를 읽고 파옹(巴翁)의 철령시(鐵嶺詩)**를 외우면서, 조용히 마음으로 체험하고 읊조리면서 기우늘 발설하니, 온 천하 사물이 하나도 내 마음을 흔들지 못하매 귀양살이의 신고(辛苦)는 족히 말할 것이 없었다. 내가 오래 앉아서 각기병(脚氣病)이 더칠 때에는 먼저 굴봉(掘棒)과 전정(前頂)에 올라 걸음을 시험하고, 다시 맨 꼭대기에 올라서 전산의 형태와 사면에 둘러 잇는 수세(水勢)의 넓고 좁은 곳과 강만(강만)의 멀고 가까운 것을 일목(一目)에 다 보아 이 가슴을 한없이 넓히고 또 철마(鐵馬)와 완정(완井)을 상세히 살피며, 『세상에 전하기를 고운(孤雲) 선생이 당나라에 들어갈 때 이 산에 올라 작은 셈을 파고 은배(銀盃)를 띄워 두었으며 또 철마(鐵馬)를 두어 이 산기(山氣)를 진압케 하였다 한다. 그 후 철마는 그대로 전해 오고 은배는 근일에 와서 마을 사람들이 품처다 팔아먹었으며, 그곳에 지내오던 제사마저 폐지하였다고 한다.』

* 도산(陶山)의 절요(節要) : 도산은 이황(李滉)의 호, 절요는 이황이 『주자대전(朱子大全)에 있는 주자의 편지를 뽑아 엮은 『주자서절요(朱子書節要)』를 말함. 30권 10책.
** 파옹의 철령시 (鐵嶺詩) : 송시열(宋時烈)이 숙종 원년(1675) 정월에 예설(禮設)로 인하여 덕원(德源)으로 귀양 갈 때 철령을 넘으면서 지은 시 『朱子大全 券一 登鐵嶺吟(주자대전 권일 등철령금)』

또한 1천년 동안 흘러오는 갖가지 신화 같은 고적까지 빠짐없이 구경한 끝에 비로소 이 산의 광경이 과거의 제주도와 못지않고, 도 오늘의 걸음이 나의 곤경을 인내(忍耐)하는데 일조가 될 것을 믿었다. 금번에 동행한 사람은 별감(別監) 양문환(楊文煥), 주인(主人) 문인주(文寅周) 팔금(八金) 김대현(金大鉉), 영장(嶺將) 손희종(孫熙宗), 솔겸(率傔) 김윤환(金允煥)이요, 때는 병자년 추석(秋夕)이었다.

登牛耳 小黑山一名 口號
등우이 소흑산일명 구호

一峯牛耳接雲高 일봉우이접운고
登涉渾忘氣力勞 등섭혼망기력노
可愛層溟多小嶼 가애층명다소서
萬年壁立敵洪濤 만년벽립적홍도

우이 소흑산 일명에 올라 즉시 부름

우이 한 봉우리 구름에 닿았으니
오르고 올라도 이 몸 피로 잊었네
아름다워라 저 바다의 수 없는 섬들이여
파도야 치든 말든 저 홀로 천년 만년

次重庵金丈 平黙 寄示韻
차중암김장 평묵 기시운

領海年年雨露均 영해년년우로균
濱危殘喘敢言還 빈위잔천감언환
看書要識從違別 간서요식종위별
臨事須分夢覺關 임사수분몽각관
懷利來詩生死辱 회리래시생사욕
循公去處古今閑 순공거처고금한
北風萬里家何在 북풍만리가하재
回首鯨濤浩渺間 회수경도호묘간
居官居謫庇身均 거관거적비신균
一古一甘自往還 일고일감자왕환
孤衷常結九重關 고충상결구중관
聖心宵旰臣隣杖 성심소간신린장
廟算凄凉酒肉閒 묘산처랑주육한
聞道東槎迎賊至 문도동사영적지
此名應在死生間 차명응재사생간

중암 김장 평묵이 보낸 시를 차운함

아득한 이 땅에도 김금 은혜 오시니
실낱 같은 이 생명 돌아가길 바라리
글 읽을 땐 선과 악을 분별하고
일 당할 땐 밝고 어둠 알아야지
이욕에 빠지면 생사가 모두 욕이요
공정한 곳엔 고금이 한가하네
만리 찬바람에 내 집은 어딘가
험악한 파도 밖에 머리나 돌려볼까
삶엔 영욕이 똑 같고
고락은 돌고 도는 것
좋은 구경은 먼 바다로 또 가고
외로운 충정은 구중의 관문에 맺혔네
임금님 소의 간식 신하들만 기대는데
조정엔 계책 없어 주육으로 한가하네
듣건데 우리 사신 왜적을 영입한다지
이것이 죽고 사는 기회가 아닌가

酬朴道謙 海量 수박도겸 해량

怪候何增感 괴후하증감
厥應自我民 궐응자하민
天地生成理 천지생성리
古今一體均 고금일체균
此義無由達 차의무유달
羞稱補闕臣 수칭보궐신
弱植不子持 약식불자지
猶帶造化機 유대조화기
託根非其地 탁근비기지
雨露那更希 우로나갱희
人心有好惡 인심유호오
向背乃其常 향배내기상
麟經垂鈇鉞 린경수부월

박도겸 해량에게 답함

그대의 시를 받고 곧 마땅히 갚아야 할 것이나 정신과 기운이 너무 해이하여 그것을 전연 잊고 말았더니, 이제 인편을 만나 오언시를 지어 드리니 보신 뒤 곧 버려주게.

때 아닌 눈을 어찌 원망하랴
그 응보는 우리 민간으로부터서지
하늘과 땅의 생성하는 이치는
예나 지금이 같을 거야
이 뜻을 알릴 길 없으니
보궐의 신하라 칭하기 부끄럽네(여름내 내린 눈을 말함)
약한 움이 스스로 가누지 못하지만
그래도 조화의 기미는 띠었네
뿌리 박힌 땅이 제 곳이 아니라면
비와 이슬을 어찌 바라보리(뜰에 있는 풀을 말함)
좋아하고 미워함은 사람마다 있는 것
좇고 반대하는 것이 곧 떳떳한 일
인경*은 토끼 같이 엄숙했고

---

* 인경(麟經) : 춘추(春秋)의 별명, 공자가 노나라 애공(애공) 14년. 봄에 남쪽을 가다가 어떤 사람이 기린을 잡은 것을 보고 그을 마쳤다하여 인경(麟經)이라 함.

閩史判陰陽 민사판음양
云何奈毗子 운하내비자
喋囁訟倭洋 첩섭송왜양
日得宜詢蕘 일득의순요
衆口且觀鄕 중구차관향
孤臣耿不寐 고신경불매
堪嗟國本戕 감차국본장
擧世有恒言 거세유항언
何妨一念惡 하방일념악
豪分千里差 호분천리차
大禍容易作 대화용이작
先聖惻然斯 선성측연사
敎人牢著脚 교인뢰저각

민사*는 음과 양을 판단했네

어이타 큰 소리 하는 자들은

왜놈과 양놈의 시비가 분분한가

하나라도 얻자면 순요**가 마땅하고

여러 사람 말에는 또 관행***할레라

외로운 신하 잠 못 이루나니

나라의 기초 무너질까 슬퍼하네 (위는 왜적을 맞음을 말함)

세상 사람이 말하기를

조그만 잘못이야 어떠랴 한다네

천 리 차는 호리에 있는 것

큰 재앙이 일어나기 잠깐이라네

성인은 이런 것을 슬퍼하여

독실하라 사람들에게 일러주었지

---

* 민사(閩史) 송나라 주자의저서인 통감강목(通鑑綱目). ** 순요(詢蕘) : 무지한 나무꾼도 혹 아는 것이 있으니 물으라는 뜻. 시경(詩經) 대아(大雅) 생판(生板)에 "전인들이 말했네, 저 나무하는 사람에게도 물으라." 하였다.
*** 관향(관향) : 그 고을을 본다는 뜻. 가어(사어)에 "그 고을 사람의 말을 듣고 그 고을의 일을 보며, 그 나라 사람의 말을 듣고 그 나라의 일을 보며, 천하(천하)사람의 말을 듣고 천하의 일을 본다."고 하였다.

莫將閑議論 막장한의론
搖我方寸樂 요아방촌락
絶域天南徼 절역천남요
麒麟接祝融 기린첩축융
行藏隨分定 행장수분정
放逐荷恩崇 방축하은숭
堦竹鳴宵雨 계죽명소우
江榴動秋風 강류동추풍
酬問吾堪恥 수문오감치
恤難子偏功 휼난자편공
明發遙相望 명발요상망
雲山不可通 운산불가통
深廣藏風雨 심광장풍우
萬年自在家 만년자재가
却嫌眞面露 각혐진면로
列樹遮粉華 열수차분화

부디 필요 없는 의론으로서
이 마음 즐거움 흔들지 말게(위는 동요를 말함)
먼 지역 남쪽 하늘
나그네 이웃은 곧 축융*에 닿았네
쓰이고 버려짐은 분수에 따라 정해진 것
내친 것만으로도 임금 은혜 높네
대숲은 밤 비에 울고
석류는 가을 바람에 움직이네
물음에 답할 땐 내가 부끄럽고
어려움을 구제함은 그대 공일세
내일이면 서로가 멀리 바라볼 거야
저 구름 산은 어이 동하리(위는 유별(留別)을 말함)
깊고 넓어 비바람 감추었으니
오랜 세월에 제대로 있었구나
오직 참 얼굴 드러날까 의심되어
열 지어 선 나무들이 그 단장 가리웠네(위는 굴봉산을 말함)

* 축융(祝融) : 남해(南海)를 맡는 신(神)

傷時 상시

千年傳授訣 천년전수결
那料一朝翻 나료일조번
忍迎魚鬼賊 인영어귀적
出入帝王門 출입제왕문
聖心豈若此 성심개약차
歎息欲無言 탄식욕무언
佇見天行處 저견천행처
穉陽始自坤 치양시자곤
只麽西洋敎 지마서양교
能令四海飜 능령사해번
一片吾東地 일편오동지
尚由道德門 상유도덕문
卒然黃汪輩 졸연황왕배
攘臂戰公言 양비전공언
福威雖自力 복위수자력
獨不畏乾坤 독불외건곤

때를 슬퍼함

오래 전해오던 우리 도가
일조에 번복될 줄을 누가 알았으리
어쩌다가 물고기 머리에 거북이 얼굴의 적을 맞아들여
우리 궁궐에 출입하게 한단 말인가
이것이 어찌 임금님 마음이랴
슬프고 슬퍼 나는 말 없을밖에
오직 천리가 있는 곳에는
어두운 밤에 여명이 오리라
되잖은 서양의 교가
세계의 물결을 뒤집고 있네
한 조각 우리 동방 땅에는
아직도 도덕을 지켜가네
난데없는 황잠선 왕백언 같은 무리들이
옳은 말에 도전하고 있네
비록 화복은 제 힘으로 한다 해도
오직 하늘과 땅이 두렵지 않은가

人性生來直 인성생래직
緣何覆更翻 연하복갱번
捨却芝蘭室 사각지난실
萬尋枳棘問 만심지극문
服儒嗟爲飾 복유차위식
衛聖但空言 위성단공언
須知君子道 수지군자도
易簡法乾坤 이간법건곤

사람은 그 천성이 곧은 것인데
왜 번복하기를 좋아하는가
자기의 좋은 집을 버려두고
무단히 험한 곳을 찾고 있나
모두가 허식이요
성인을 위함도 빈 말뿐
참으로 군자의 도는
대쪽과 같아서 하늘과 땅을 본받았다네

牛耳郞事 우이랑사

茅屋數間臨碧江　모옥수간임벽강
偸閒養靜也無雙　투한양정야무쌍
潮聲撼地寒侵席　조성감지한침석
雲氣籠山醉隕窓　운기농산취운장
未効丹心憂衮闕　미효단심우곤궐
且將窮夜點書釭　차장궁야점서강
有時風雨人稀到　유시풍우인희도
落葉輕輕每訝跫　낙엽경경매아공
孤帆再渡入湘江　고범재도입상강
蕙草蘭香自有雙　혜초난향자유쌍
苦憶病親長隱几　고억병친장은궤
却看穉子喜開窓　각간치자희개창
旅厨歲儉無兼物　여주세검무겸물
雪屋寒多共一釭　설옥한다공일강
但恨春回分手地　단한춘회분수지
那堪問戶去來跫　나감문호거래공

우이동에서 곧 쓰다

오두막 두어 간이 강물에 닿았으니
한가하고 고요하기 그지없구나
찬 기운이 스며드니 조수 소리가 땅을 흔들고
푸른 빛이 창에 가시니 구름 기운 산에 둘렀네
일편 단심은 곤궐을 근심하고
긴 밤에 글 읽는 등잔만 켰네
때로는 비 바람에 오는 사람 드물어
떨어지는 낙엽 소리에 인적인가 의심하네
조각 돛이 다시 상강에 들어가니
혜초와 난초는 스스로 쌍이 있네
병든 어버이를 생각하며 궤에 의지했고
어린애를 보자 문득 창문을 열었네
나그네 부엌에 흉년을 만나니 반찬이 없고
겨울 방이 하도 차니 등잔을 같이 했네
다만 한스러운 건 봄이 오고 그대가 가는 곳에
어찌 견디리 집 앞에 오가는 발자국소리

向大黑山舟中口號 丁丑
향대흑산주중구호 정축

聖時無棄物 성시무기물
絶域老孤臣 절역노고신
慾强殘骸力 욕강잔해력
拂巾問海津 불건문해진
搖櫓波心碧 요노파심벽
縣蓬客意新 현봉객의신
回頭山更遠 회두산경원
疑是向南閩 의시향남민

孤槎出沒莫言艱 고사출몰막언간
萬里風烟談笑間 만리풍연담소간
最愛靈山如引客 최애령산여인객
古敎微雨洗屛顔 고교미우세잔안
世味經來百險艱 세미경래백험간
此行應在是非間 차행응재시비간
西風振處船如矢 서풍진처선여시
今日車開病裏顔 금일차개병리안

대흑산을 향하여 배에서 부름 정축

좋은 세상에는 버린 사람 없는데
먼 지역에 이 몸만이 늙었구나
쇠한 몸 억지로 일으켜서
옷 떨치고 바다로 나갔네
노를 지으니 물 밑이 푸르고
돛을 다니 나그네 마음 서러워라
고개를 돌이키니 산은 점점 멀어지니
아마도 남쪽 땅을 향해 가겠지

조각배 가는 것이 위험하다 말라
머나먼 풍경 조용한 속이라네
사랑스러운 명산이 나를 맞는 것 같아
일부러 가랑비로 내 얼굴 씻어주네
세상 길은 험하고 험해
간 곳마다 시비가 많네
가을 바람은 불고 배는 살 같으니
오늘에야 병든 얼굴 웃어 볼거나

暮泊鎭村 모박진촌

窮源到處眼偏明 궁원도처안편명
短壁層巒從復橫 단벽층만종복횡
借問居人何所事 차문거인하소사
澤魚山麥做平生 택어산맥주평생

저물녘에 진촌에 대다

막다른 곳 당도하니 눈이 문득 맑아라
짧은 절벽 층층 산 겹으로 둘렀네
묻노니 이곳 사람 하는 일은 무엇인가
한평생 사업이라고 못 고기 산 보리에 있네

宿深村 숙심촌

結廬堪愛占淸幽 결려감애점청유
古木荒藤閱幾秋 고목황등열기추
多謝村翁勞遠客 다사촌옹노원객
引傾大白勸遲留 인경대백권지유

산촌에서 자다

  문암봉(門巖峰) 남쪽에 있으니 진촌에서 약 10리가 넘는다

깨끗한 곳에 집 한 채 지었으니
고목 등덩굴 몇 해를 지났는가
고마워라 먼 손을 위로하는 촌늙은이들
막걸리 부어주며 못 가게 만류하네

門巖峰 문암봉

山在南冥浩渺端 산재남명호묘단
登臨五月凜生寒 등림오월름생한
宛然天地無形外 완연천지무형외
一望水雲不盡間 일망수운불진간
耽景何嫌雙脚苦 탐경하혐쌍각고
尋眞只許寸心寬 심진지허촌심관
謫來猶有踈狂態 적래유유소광태
纔躡瀛洲更此攀 재섭영주갱차반

문암봉

두 산 사이가 문과 같아서 문암이라 하고, 또는 운암(雲巖)이라고 함.

남쪽바다 아득한 끝에 있는 이 산
올라보니 오월에도 차갑기만 하구나
참으로 이 천지는 가이없구료
바라볼수록 물 구름만 뜰 뿐이네
경치를 탐하니 피로를 모르고
참을 찾으니 마음이 너그러워라
귀양살이에도 낭만적 생활은 여전해
겨우 제주를 보고 또 이곳에 왔네

仙遊峰 선유봉

朝霧難分細逕幽　조무난분세경유
日高淸浪反疑秋　일고청랑반의추
依稀漢使銷丹鼎　의희한사소단정
持點秦童採藥舟　지점진동채약주
石束鸞笙藏海面　석속난생장해면
松扶鶴駕向雲頭　송부학가향운두
老仙亦解吾心事　노선역해오심사
露出眞顔暫見留　노출진안잠견류

선유봉

아침안개가 오솔길 분간하기 어렵더니
늦게야 맑은 기운 가을인가 하노라
한사의 단사 굽던 솥 어디이던가
진동의 불로초* 캐러 가던 배 아득하구나
돌은 난생을 묶어 바다에 숨고
솔은 학가를 부축하여 구름을 향했네
늙은 신선도 내 마음을 알고서
제 모습 드러내어 잠깐 머물게 하네

---

* 진동(秦童)의 불로초 : 진 시황이 서 불(徐 市)로 하여금 동남 동녀(童男 童女) 수천 명을 인솔하고 바다에 들어가 삼신산(三神山)의 불사약을 구해 오라고 한 고사. 여기서 진동을 말하게 된 것은 옛날 서 불이 이곳 남해를 지나 일본에 들어갔다는 설이 있기 때문이다.

骨九尾 골구미

殘郭當年費意成　잔곽당년비의성
誰將往迹說分明　수장왕적설분명
荒臺人去花無主　황대인거화무주
古塔雲空鳥有聲　고탑운공조유성
異代廢興猶可堪　이대폐흥유가감
一隅關防亦非輕　일우관방역비경
堪憐皓皓山頭月　감린호호산두월
漫入層溟幻本名　만입층명환본명
遊遠多從放廢成　유원다종방폐성
百般風景弄虛明　백반풍경농허명
江深魚樂鴻濛界　강심어락홍몽계
樹密禽閑太古聲　수밀금한태고성
踏盡高低爲日久　답진고저위일구
斷來榮辱置身輕　단래영욕치신경
世間如有知山客　세간여유지산객
未必當年黑以名　미필당년흑이명

골구미

영조 때는 월산군(月山郡)을 두었다. 성 아래에는 지금도 주춧돌과 불탑 2개가 있다. 그 뒤 본국에 와서 흑산이라 했음.

외로운 성 쌓던 그때 생각도 많았겠지
누가 지난 일을 말해주리
거친 대엔 사람 가니 꽃도 주인이 없고
옛 탑엔 구름 비었으니 새들만 노래하네
다른 시대 흥망도 이 마음 설레니
한 구석 요새지라도 어찌 소홀히 하랴
가여워라 희고 흰 저 산 달이여
부질없이 바다에 들어 본명을 바꿨는가
나그네 생활이 흔히 방랑에서 오는 것
가이 없는 풍경 허명을 놀리누나
강 깊으니 고기는 자유로이 놀고
나무가 빽빽하니 새는 태고적 소리에 잠겼네
높고 낮음을 다 밟으니 날이 오래되고
영욕을 끊어버리니 이 몸이 가벼워라
세상에 만일 산 아는 자 있었더라면
당초에 흑산이라 이름하진 않았을 거다

更賦門巖 갱부문암

晚來啼鳥佛林端 만래제조불림단
短策經由碧磵寒 단책경유벽간한
艱步深穿雲雨上 간보심천운우상
朗吟高入斗牛間 낭음고입두우간
一身俯仰山河小 일신부앙산하소
萬物含藏宇宙寬 만물함장우주관
莫道此中容易到 막도차중용이도
至今我亦費心攀 지금아역비심반

문암에서 다시 지음

늦게 우는 새 수풀을 스쳐 나는데
짧은 막대로 시냇가를 지나네
간신히 비구름 뚫고 올라
별 사이에 높이 서서 읊조리네
일신 노는 곳엔 산하도 직은데
만물을 감추니 우주도 크기도 하지
이 곳에 오기 쉽다 말하지 말라
여기 오기엔 나도 애 많이 썼네

再入大黑　定頓書塾　扁其楣曰　日新堂　有
六七冠童　朝夕問字　頗慰湘纍之懷
　　재입대흑　정돈서숙　편기미왈　일신당　유
육칠관동　조석문자　파위상류지회

　　三黜行裝慣問津　삼출행장관문진
　　會同半是挾書人　회동반시협서인
　　却嫌孤塾無題字　각혐고숙무제자
　　故向今朝揭日新　고향금조게일신

다시 대흑산도에 들어가서 서재를 정돈하고 현판을 일신당이라 하다 마침 예닐곱 동자들이 조석으로 와서 글을 물으니 심히 귀양살이에 위로가 되다

삼출*의 행장이 문진**에 익숙하니
모인 것은 태반이 글 읽는 사람이네
오직 서재의 이름 없음을 한하여
오늘 아침에 일신이란 글자를 걸었네

---

* 삼출(三黜) : 세 번 관직에서 내침을 당함. 우하혜(柳下惠)가 세 번 벼슬을 물러났으되 분한 마음이 없었다는 말로 『論語』 微子 편에 나오는 고사.
** 문진(問津) : 나루가 있는 곳을 물음. 학문(學文)의 문로(門路)를 가르쳐주기를 청함

初月 초월

誰將崑玉削如鉤　수장곤옥삭여구
掛在雲霄萬里頭　괘재운소만리두
依俙淡影侵虛室　의희담영침허실
異域孤臣鏝賦秋　이역고신만부추

초생달

누가 옥을 깎아 갈고리같이 하여
저 먼 하늘에 걸어두었는가
맑은 그림자 빈 집에 들어오니
먼 타향에서 부질없이 가을을 읊네

重陽 중양

年年重九會 년년중구회
只接海山高 지접해산고
久客身多病 구객신다병
涉難意更豪 섭난의갱호
浪的依靈境 낭적의영경
餘緣付濁醪 여연부탁료
古今均失得 고금균실득
自適不須勞 자적불수로

중양절

해마다 중구의 모임은
다만 바다와 산만을 대했구나
나그네 생활 오래라 몸에 병이 많고
어려움을 겪으니 뜻은 더욱 커지네
허황된 자취는 승지에 의지하고
남은 인연은 막걸리에 붙였네
예와 이제를 보니 득실이 같은데
걱정 없이 내 마음대로 살아가리라

古松 고송

旅榻無窮趣 여탑무궁취
疎松隔水端 소송격수단
沈吟山海氣 침음산해기
沐浴雪霜寒 목욕설상한
一節難移志 일절난이지
百年不改顔 백년불개안
愛看三兩鶴 애간삼양학
時帶下風還 시대하풍환

늙은 소나무

나그네 창에 한 없는 취미는
성긴 솔이 물 건너 서 있구나
산과 바다 기운에 함초롬히 젖고
차가운 눈서리로 멱을 감는구나
한결같은 절개라 뜻 옮기기 어렵고
오랜 세월에도 본색을 바꾸지 않네
그래도 몇 마리 학이 있어
때로 이곳을 찾는 것이 고마워라

漫成 만성

西氣驕白日 서기교백일
斯道一何孤 사도일하고
容易迷寰宇 용이미환우
居然穢版圖 거연예판도
闕天難自擎 궐천난자경
危廈更誰扶 위하갱수부
先聖垂遺訓 선성수유훈
修明但在吾 수명단재오

부질없이 지음

서쪽 기운이 대낮에 기승을 부리니
우리 도는 어찌 이렇게 외로운가
온 세계를 미혹하기 쉽고
이 땅도 벌써 더러웠구나
기울어진 하늘을 괴기 어렵고
위태한 집 누가 다시 붙들까
옛 성인이 교훈을 남겼으니
밝히는 것은 오직 나에게 있네

戊寅暮春 同課徒三四人 發仙遊之行 路中拈韻得生字 무인모춘 동과도삼사인 발선유지행 로중염운득생자

海嶽春將暮 해악춘장모
谷禽喚友生 곡금환우생
穿雲艱箸步 천운간저보
陟岵若爲情 척호약위정
花重前宵雨 화중전소우
山環太古城 산환태고성
薄曛休杖處 박훈휴장처
漁笛數聲橫 어적수성횡

무인년 늦은 봄에 같이 공부하는 서너
사람과 함께 선유봉 놀이를 떠나면서 길
가운데서 운자를 뽑아 생자를 얻다

바다 산에 봄이 저무니
골짜기 새는 벗을 불러주네
구름을 헤치니 발 붙이기 어렵고
산에 오르니 부모 생각 어찌하리
꽃은 지난 밤 비에 무거웠고
산은 옛 성을 둘렀더라
땅거미에 쉬어가는 이곳
피리소리에 고깃배 떠 있구나

宿沙村人家 숙사촌인가

春深處處樂羣生　춘심처처락군생
十里携朋瀉客情　십리휴붕사객정
浦戶重尋周歲約　포호중심주세약
月光添得半宵明　월광첨득반소명
短原連麥迷通逕　단원연맥미통경
列峀交陰翠作城　열수교음취작성
纔喜仙源咫尺在　재희선원지척재
更看海味錯縱橫　갱간해미착종횡

바닷가촌 인가에서 자다

곳곳마다 봄이 깊어 모든 생물 즐기는데
십리 길 그대와 함께 나그네 정 쏟았네
한 해 언약은 갯마을 집에서 다시 찾고
달빛은 오늘 밤에 더 밝아라
보리가 언덕과 잇닿으니 갈 길이 희미하고
둘린 산이 그늘을 지우니 푸른 것이 성을 짓네
즐겁다 이미 선경이 가까운데
도 수 없은 바닷고기를 보겠네

歸路拈加字 귀로염가자

日暖風輕草色加 일난풍경초색가
尋眞兩夜宿山家 심진양야숙산가
雖稱編戶逢人少 수칭편호봉인소
自由詩朋得句多 자유시붕득구다
積水憑眸雲出沒 적수빙모운출몰
懸崖側足路橫斜 현애측족로횡사
且看春色餘無幾 차간춘색여무기
爲報東君莫散花 위보동군막산화

돌아오는 길에 가(加)자를 뽑다

해와 바람은 밝고 풀빛은 고운데
참을 찾는 두 밤을 산가에서 지냈네
비록 편호에서 만나는 사람 적다 하나
스스로 글 친구 있어 시 짓기를 많이 했네
모인 물을 물어보니 구름이 출몰히고
달린 벼랑을 지나니 길마저 빗겼네
이제 보니 봄빛도 얼마 없는데
동풍에게 말하노니 꽃일랑 흩지 마오

舟于永山前洋 주우영산전양

春來幾擬放漁舟 춘래기의방어주
此日輕風可溯流 차일경풍가소류
眼界星馳群島列 안계성치군도열
胷中簸却點埃留 흉중파각점애유
魚因甚事潛還躍 어인심사잠환약
鳥拂天機浴更浮 조불천기욕갱부
乘興未須愁薄暮 승흥미수수박모
朗吟佇立碧波頭 낭음저립벽파두

영산 앞바다에서 배를 띄우다

봄이 오니 얼마나 배 띄우기 생각했던가
오늘에야 순풍 불어 강 거슬러갈 만하네
눈에 들어오는 뭇 섬은 별같이 달리고
가슴 속엔 티끌 한 점 남김없이 다 날려라
고기는 무슨 일로 뛰락잠기락 하는가
새는 제멋에 뜨고 날지
흥겹다 보니 날 저문 것도 좋아서
낭랑하게 읊고 나 홀로 물가에 서있네

金在卿 衡培 讀書士也 識荊於瀛州 重會
于黑山海上 其喜可掬 詩以見地 김재경 형
배 독서사야 식형어영주 중회우흑산해상
기희가국 시이견지

腐儒往事總虛生 부유왕사총허생
晩結深交宿願成 만결심교숙원성
書存病骨居常感 서존병골거상감
躬涉層溟計太輕 궁섭층명계태경
詩禮在眉傳世遠 시례재미전세원
圃農隨手宅心淸 포농수수택심청
長沙行色今如古 장사행색금여고
會面何須做欲情 회면하수주욕정
江城四月綠陰生 강성사월녹음생
好會偏緣有知成 호회편연유지성
吾負大何流殛遠 오부대하유극원
君因甚事往來輕 군인심사왕래경
避塵自是名園足 피진자시명원족

김재경 형배는 글 읽는 선비로서 처음에 제주에서 알았고 다음에 흑산 해상에서 만나니 즐겁기 가이 없어, 시로 내 뜻을 보였다

썩은 선비는 모두 헛 살아왔네
늦게야 그내 알이 이 소원 이루었지
편지로 안부 물어 항상 감사하고
몸소 바다 건너는 걸 가볍게 여겼네
시와 예는 여러 대로 전해왔고
농사와 채소에 잠긴 마음 맑기도 하네
귀양살이 신세는 예와 이제 같으니
만난 자리에 어찌 시속사람 정을 본뜨랴
강가 초여름에 푸른 그늘이 생기니
이 모임이 어찌 우연히 이루어졌으랴
나는 큰 죄를 지고 먼 땅에 왔건만
그대는 무슨 일로 이렇게 찾아주는가
티끌 피하기엔 명원에 있어 만족하고

學古深知契活淸 학고심지계활청
耽海黑山看作陸 탐해흑산간작육
疎狂應不世間情 소광응불세간정

옛 일을 배우니 생활이 더욱 맑구나
항상 제주에 와 흑산을 육지 같이 보니
소광한 이 심정 세상 사람과는 같지 않네

暎山島題主人 催權仲 壁上
영산도제주인 최권중 벽상

借問何時奠此居 차문하시전차거
晚來猶味少年書 만래유미소년서
僻江曾道生涯窄 벽강증도생애착
古墓今看歲月餘 고묘금간세월여
培荳石田閑事業 배두석전한사업
結廬竹藪養淸虛 결려죽수양청허
偶然三宿成眞趣 우연삼숙성진취
且講前緣莫自疏 차강전련막자소

영산도에서 주인 최권중의 벽에 쓰다

묻노니 그대는 언제 이 땅에 이거했던가
늙어서 젊을 때 읽던 글을 좋아하지
강이 궁벽하니 생활이 넓지 못하고
옛 무덤을 보니 세월도 오래 되었구나
돌밭에 콩 심으니 사업이 한가하고
대숲에 집을 지어 맑은 마음 기르네
홀연히 사흘 밤에 좋은 취미를 이루었으니
장차 앞 인연을 찾아 성글게 하지 마요

指掌巖刻字後拈韻 지장암각자후염운

化工分却一枝山　화공분각일지산
擲入洪濤浩渺間　척입홍도호묘간
强半衣冠曾避俗　강반의관증피속
尋常炎瘴苟偸閒　심상염장구투한
地連箕域書誣證　지연기역서무증
曆玩崇禎歲幾環　역완숭정세기환
此刻雖微關係大　차각수미관계대
爲敎洞主莫輕刪　위교동주막경산
一部陽秋間碧山　일부양추간벽산
摩挲佇丘草堤間　마사저구초제간
居人莫謂乾坤窄　거인막위건곤착
隙地從看日月閒　극지종간일월한
非有良工心裏運　비유양공심이운
誰模舊迹眼中環　수모구적안중환

지장암에 글자를 새기고 곧 운자를 뽑다

조물주가 한 산을 나누어서
저 파도 속으로 던졌구나
많은 선비들은 속세를 피하여 들어오고
심상한 염장이라 구차스레 한가했네
땅은 기역에 닿았으나 증거 될 서석 없고
역서는 숭정*을 보니 세월이 얼마나 되었나
이 새김이 일은 적으나 뜻은 크니
마을 사람아 가벼이 깎아버리지 말게
한 부의 의리를 푸른 산에 물으니
만 가지 가지면서 풀 언덕에 서 있구나
사람들아 하늘 땅 비좁다 말라
좁은 곳에서도 일월은 한가하구료
양공의 마음에 얻은 것이 아니면
누가 옛 모양을 다시 보도록 했으리

---

* 숭정(崇禎) : 명(明)나라 의종(毅宗)의 연호. 우리나라 사람들이 명을 사모하여 그가 망한 뒤에도 그의 역서(曆書)를 본다는 뜻.

職方版籍隨時變 직방판적수시변
老石千年應不刪 노석천년응불산

이 땅 경계는 비록 변할 때 있으나
돌에 새긴 글자는 언제나 없어지지 않으리

步出松陰 보출송음

怕炎時或座輕陰 파염시혹좌경음
三載徒勞屈子吟 삼재도로굴자음
莫謂海邦無好事 막위해방무호사
白雲流水共知音 백운유수공지음

솔 그늘에 나아감

더위가 두려워서 때로 그늘에 앉으니
굴원의 읊음을 본받은 지 이미 삼 년일세
섬나라에 좋은 일 없다 마라
흰 구름 흐르는 물이 곧 나의 친구네

別金子元 별김자원

千載紫陽月　천재자양월
隨人到海南　수인도해남
博聞加鍊熟　박문가련숙
主敬更沈涵　주경갱침함
好會顔纔解　호회안재해
離情口欲含　이정구욕함
長風宜利涉　장풍의리섭
無計駐征驂　무계주정참

김자원과 이별함

천 년 뒤 자양*의 달이
그대 따라 해남에 왔구나
많이 듣고 또 단련했으며
공경을 주로 하여 침착을 더했구나
좋은 모임엔 한 번 웃고
떠나는 정은 말이 없어라
먼 길 좋이 가시리니
가는 말 어이 멈추리

* 함평(咸平) 땅에 자양이란 산이 있으니 옛날 주희(朱熹) · 송시열(宋時烈) 두 선생의 서원이 있었다. 나라에서 자양이라 사액하였다가 근년에 와서 철회하였다 한다.

新年得韻 己卯 신년득운 기묘

春生料理舊岐尋 춘생요리구기심
只恐風雲翳作陰 지공풍운예작음
隨命置身無惡境 수명치신무악경
懷人接物總知音 회인접물총지음
扶傾曷侍時人手 부경갈시시인수
悔禍將看上帝心 회화장간상제심
最是長江寒雨裏 최시장강한우리
不堪送子淚沾襟 불감송자루첨금

새해에 운자를 얻음 기묘

새봄에 다시 옛길을 찾자 하니
구름아 그늘 가리지 말아다오
몸을 운명에 맡기니 악한 지경이 없고
인으로 물을 접하니 모두가 처음이네
기운 것을 붙잡는 데는 어찌 남의 손을 믿으랴
화를 뉘우치면 하늘의 마음을 장차 보리
가장 견디기 어려운 일은 강 찬비 속에
그대 보내는 눈물이네

留別黑山書社諸君 유별흑산서사제군

孤塾三年絆己時 고숙삼년반기시
於焉不覺赦鷄遲 어언불각사계지
特恩偏被山河重 특은편피산하중
愚性愧無寸尺移 우성괴무촌척이
斅學相資方寓味 효학상자방우미
別離在即却含悲 별리재즉각함비
奇言群力能餘暇 기언군력능여가
指掌巖邊建小婢 지장암변건소비

흑산 서재에서 여러 사람을 이별함

서재에서 삼 년 동안 묶여 있을 적에
돌아갈 소식이 더딘 것도 몰랐네*
임금님 은혜는 하해같이 무겁건만
어리석은 천성은 한 치도 못 옮겼네
가르치고 배우는 데서 참 재미 있었고
이별하는 자리에서 슬픔만 알 뿐이네
말하노니 그대들은 부디 힘 모아서
다른 날 지장암에 비 하나 세우게

* 돌아갈⋯⋯ 몰랐네 : 원문의 사계(赦鷄)는 죄인의 특사(特赦)한다는 말. 『수서(隨書)』 〈형법지(刑法志)〉에 "대개 죄인에게 특사를 반포할 때는 장대끝에 금 닭을 단다." 하였고, 『당서』(唐書) 〈백관지(百官志)〉에는 "금 닭을 만들어 황금으로 색칠하고, 비단 끝에 입을 물린다." 하였다.

拜簷沙奇丈 正鎭 배노사기장 정진

道在南州望不輕 도재남주망불경
秋陽江漢幾人情 추양강한기인정
再來只見伊川面 재래지견이천면
五十無聞愧後生 오십무문괴후생

노사 기장 정진에게 드림

남주에 도가 있어 물망이 중하니
추양과 강한*이 몇 사람의 정이던가
두 번 와서 다만 이천의 얼굴을 보니
오십에도 소문 없는 후생이 부끄럽구료

---

* 추양(秋陽)과 강한(江漢) : 공자(孔子)의 도덕이 뛰어남을 일컫는 말. 공자의 3년상을 마친 제자들이 유약(有若)이 공자와 비슷하게 생겼다해서 그를 공자 대신 섬기려 하자, 증자(曾子)가 불가함을 말하면서 공자의 도덕은 "강한에 씻고 가을 볕에 말린 것처럼 깨끗이하다"하였다. 『孟子 騰文公上』

趙景賓 昌顯 上黨秀士也 原來相訪 其意可感用短韻十五 忘拙貢贐 詩云乎哉 聊以志後日不忘之資云爾 조경빈 창현 상당수사야 원래상방 기의가감용단운십오 방졸공신 시운호재 료이지후일불망지자운이

偉哉小華子 위재소화자
巴曲接淵源 파곡접연원
家在上黨谷 가재상당곡
長物屋三椽 장물옥삼연
朝耕山上雲 조경산상운
暮汲山下泉 모급산하천
功利非攸願 공리비유원
吾道有眞詮 오도유진전
正大尊周義 정대존주의
森嚴闢洋言 삼엄벽양언

조경빈 창현은 상당 땅의 높은 선비로 멀리 와서 나를 찾으니 그 뜻이 참으로 감사하여 짧은 시 열다섯 운을 지어서 그 옹졸함을 잊고 주니 어찌 시라 하겠는가만, 뒷날 서로 잊지 않을 자료가 될까 한다

거룩하다 소화자*여
연원을 파곡에 댔구나
집이 청주 골짜기에 있으니
물걸이란 집 삼 간 뿐이더라
아침엔 산 위의 구름을 갈고
저물면 산 샘을 길어 오네
세상 공명이 소원 아니라
우리 도는 참된 전통에 있지
정대한 의리는 주나라를 높이고
삼엄한 의론은 서양을 배척했네

* 소화자(小華者) : 조선은 중화(中華)를 모범하고 있다 하여 중국 사람들이 조선을 가리켜 소화(小華) 또는 소중화(小中華)라고 하였다.

博學無常師	박학무상사
尙友有專門	상우유전문
兼成硏霞痼	겸성연하고
領略好山川	영략호산천
料外尋遠屐	료외심원극
在到薛羅村	재도설라촌
而我滄桑劫	이아창상겁
十載遠日邊	십재원일변
雨雪無非敎	우설무비교
卷舒一聽川	권서일청천
對君增意氣	대군증의기
三宵樂同眠	삼소락동면
知音諒未易	지음량미이
託契可忘年	탁계가망년
偉迹前修遠	위적전수원
蔓草歧路連	만초지로연

넓게 배워 일정한 스승이 없고
친구 사귐에는 전문이 있구나
또 연하 벽까지 있어
좋은 산천을 많이 구경했다오
뜻밖에 멀리 찾아온 발자국이
두 번이나 궁벽한 곳에 왔네
상전벽해의 겁을 만난 나는
열 해를 임금 곁에 멀리 했네
비 눈이 나에게 교훈이라
걷고 펴는 것은 하늘에 맡겼네
그대를 만나니 기운이 더하여
사흘 밤 한 베개가 즐겁기만 했네
지음이란 진실로 쉽지 않고
깊은 정은 구태여 나이를 가리지 않네
거룩한 자취는 전현이 멀었고
덩굴진 풀은 앞길에 우거졌네

我生不圖始 아생부도시
到老方慚然 도노방참연
願言各努力 원언각노력
不負一心傳 불부일심전

나의 일생이 처음을 알지 못하니
늙은 뒤에야 부끄럽구나
바라는 바는 서로가 노력하여
한 마음 전수를 저버리지 말게

別强窩尹而晦 景溥 별강와윤이회 경부

憂國懷親一念眞 우국회친일념진
衰年課學更精神 쇠년과학갱정신
師門推獎丁寧義 사문추장정녕의
萬事都由自强人 만사도유자강인

강와 윤이회 경부를 이별함

　　강와 노인이 늦게야 글을 좋아하여 동서남북을 불구하고 오직 스승을 구하며, 벗 사귀에만 힘쓰고, 또 각 도의 모든 사람들과 동조하여 금령(禁令)을 저촉하면서 대궐에 부르짖되 조금도 두려워하는 빛이 없으니, 그 높은 기개와 지조는 족히 많은 사람들을 부끄러워 죽게 할 수 있다. 어찌 장하지 않으랴? 이제 짧은 시를 지어서 나의 뜻을 보인다.

나라 근심 어버이 생각만 간절하고

늙은 나이에 학문 공부가 더욱 도저하네

선생님 권장하던 정령한 말씀은

만사가 오직 자강하는 사람에게 있다고 하셨네

奉贐愚拙李希深 봉신우졸이희심

邂逅尋常約 해후심상약
幾年水注東 기년수주동
衣冠餘舊俗 의관여구속
詩禮見家風 시례견가풍
仁里身堪託 인리신감탁
名山義不窮 명산의불궁
只嫌遊遠屐 지혐유원극
虐屈草茅中 학굴초모중

우졸 이희심에게 삼가 올림

　　내가 관례(冠禮) 전에 우리 선생님을 벽계(檗溪) 서재에서 모시고 있었던 일을 기억하고 있다. 하루는 그 일가 사람들 일하공(一何公)과 자리를 같이하여 음식과 기거를 함께 하면서 정다운 수작과 진지한 의론이 끊이지 않음을 보고 나의 우매한 소견으로도 그 일하공이 절대적인 군자라는 것과, 선생님의 접대하시는 도량이 보통사람과는 천만 번 다른 것을 잘 알았던 것이다. 그 뒤 을해년에 공의 아들 희심(希深)씨가 영남 거창(居昌)으로부터 양근(陽根)에 갈 때 나를 청성(靑城) 산중으로 찾아오니, 참으로 영지(靈芝)와 예천(醴泉)*, 그 근원이 있다는 것을 증빙하고도 남음이 있구나 했었다. 옛 일을 추억할 대 소상하기가 눈앞의 일과 같은데 어언 30년의 세월이 흘렀다.
　　선배님들이 더욱 멀어지고 세월이 더욱 빠른 것을 탄식하면서 그 감탄과 흥회에 빠지지 않을 수 없었다. 그러나 때마침 병으로 누워서 조용한 기회를 갖지 못하였음을 항상 마음에 걸리게 생각하였더니, 이제 또 찾아주심을 볼때 할 말이 없을 수 없다. 그러니 이것 역시 정을 표할 뿐이지 어찌 시라고 말하랴?

우연히 만나 심상한 언약은,

몇 해의 세월이 물같이 흘렀네.

의관에는 옛 풍속이 남아있고,

예절은 가풍을 보겠네.

은 이웃엔 몸을 의탁할 수 있고,

명산에는 뜻도 다함 없어라.

다만 험되는 것은 멀리 다니는 발자국이

헛되이 오막집을 찾아든 것이네.

---

* 영지(靈芝)와 예천(醴泉) : 영지는 상서로운 풀, 예천은 맛이 감미로운 샘으로 모두 인간에게 상서로운 것이다.

四月三日與諸友發金剛之行 壬午
사월삼일여제우발금강지행 임오

瀛洲餘趣屬蓬山 영주여취속봉산
奇觀徒從偶爾間 기관도종우이간
却恨揄楊無大筆 각한유양무대필
少多風物付虛閒 소다풍물부허한

임오년 사월 삼일에 여러 친구와 같이 금강산을 향하여 떠남

여주 남은 흥을 봉래산에 붙이니
기이한 구경은 한갓 우연히 지났네
다만 한이 됨은 문장의 붓 없음이니
모든 풍물을 등하니 보고 말았네

途中口號 도중구호

好友知難再 호우지난재
名山亦一時 명산역일시
祗嫌心帶累 지혐심대루
何愧鬢如絲 하괴빈여사
念世堪垂淚 념세감수루
忘形且塞悲 망형차새비
前頭無限景 전두무한경
隨到覓新詩 수도멱신시

길에서 부름

좋은 벗은 두 번 만나기 어렵고
명산 역시 한때뿐일세
마음 깨끗하지 못할까 두렵지
머리 흰 것이 무엇 부끄러우랴
세상을 생각하니 눈물 흐르고
나를 잊으니 슬픔 없어지네
앞길에 한없이 경치는
곳곳마다 새 시를 찾게 하네

2부
금강산과 포천 일대에서
- 자연을 노래함

禾積淵 화적연

神龍幻石走深淵 신용환석주심연
禾積輪囷別有天 화적윤균별유천
緩步經由昌壁下 완보경유창벽하
朗吟坐久碧灘前 낭음좌구벽탄전
虛名無補民生食 허명무보민생식
壯蹟猶勞客袂連 장적유로객몌연
賴爾蠶功時作雨 뢰이잠공시작우
能命萬物各欣硏 능명만물각흔연

화적연

용이 돌로 변하여 소에 들어가니
화적산이 높아 별천지를 이루었네
창벽 아래로 조용히 걸어서
여울 앞에서 읊고 앉았네
헛된 이름은 민생에 도움 없고
장한 유적지는 나그네 옷 길에 연했네
다행히도 비 내려 주는 너 용이여
만물을 즐겁게 해 주네

北寬亭 북관정

翩翩笻屐向東州 편편공극향동주
回首難寬望美愁 회수난관망미수
古都形勢經千劫 고도형세경천겁
重地關防閱幾秋 중지관방열기추
曾聞巨室傳三姓 증문거실전삼성
更看名園聳一樓 갱간명원용일루
却羨主翁先據了 각선주옹선거료
翛然物外任閒遊 소연물외임한유

북관정

훌훌 나는 지팡이 동쪽을 향하니
서쪽에 있는 임금 근심 간절하네
고도의 형세는 일천 번 난을 겪었고
중요한 요새지는 몇 가을을 지났는가
일찍이 듣기에는 세 성씨가 전해 왔다더니
좋은 명원에는 또 한 누가 솟았네
이곳을 먼저 점거한 주인이 부끄럽고
세상 밖에 한가한 자취 부럽기만 해

滄浪亭 창랑정

老栢森森緣暎屝　노백삼삼연영비
兩三寸落世塵稀　양삼촌락세진희
百年古樹山無改　백년고사산무개
四月濃陰客自歸　사월농음객자귀
蹊路間關水漸屐　혜로간관수점극
岸松浙瀝風飄衣　안송절력풍표의
忙緣恐負蓬萊約　망연공부봉래약
不暇閑尋舊釣磯　불가한심구조기

창랑정

늙은 잣나무 삼삼히 사립문에 비치고
두셋 마을 집은 세상 소식 몰라
백 년 옛 정자 산은 주인 없고
초여름 짙은 그늘에는 나그네 찾아오네
작은 길에는 물이 신발에 배고
솔 소리엔 바람이 옷을 날리네
바쁜 걸음 어찌 금강산 약속을 잊으랴
한가히 옛 낚시터 찾을 겨를 없었네

彼襟亭 피금정

玉女峰前一水橫 옥녀봉전일수횡
長堤綠野掌如平 장제녹야장여평
勝區但道滄浪好 승구단도창랑호
不意金城又此亭 불의금성우차정

피금정

옥녀봉 앞에 한 물이 비꼈으니
푸른 들은 손바닥처럼 평평해
좋은 곳은 오직 창랑정만 말했더니
뜻밖에 금성 땅에 또 이 정자가 있구나

長安寺 洞口 장안사 동구

斷髮令過步屧輕 단발령과보섭경
長安洞口夕陽明 장안동구석양명
居民不厭江山客 거민불염강산객
呼應爭傳路引聲 호응쟁전로인성

장안사 동구

단발령 지나니 걸음이 가벼워
장안사 입구에는 석양이 밝더라
지방 사람들은 산수의 사람을 좋아하며
길 인도하는 소리 다투어 전하네

靈源洞 영원동

萬壑淸泉路 만학청천로
行穿十里雲 행천십리운
襍花多異見 잡화다이견
幽鳥駭初聞 유조해초문
朝紳果忘世 조신과망세
石面簇成群 석면족성군
奇觀於斯足 기관어사족
何須向望軍 하수향망군

영원동

일만 구릉 맑은 샘 길에
십 리 구름 뚫어 왔네
특이하게 보이는 꽃도 많았고
처음 듣는 새에 놀라기도 했네
벼슬한 사람이 참 세상을 잊었는가
돌 얼굴은 모여서 무리를 이루었네
기이한 구경 여기에 족하네
어찌 망군봉을 찾으랴

次靈源判菴板 上韻 차영원판암판 상운

蒼崖削立洞天幽 창애삭립동천유
誰遣丹霞護別區 수견단하호별구
論交物外多靑眼 론교물외다청안
寓迹靈源槐白頭 우적령원괴백두
沿流定好開花晚 연류정호개화만
過壁環嫌箸樹稠 과벽환혐저수조
一席禪房高爽處 일석선방고상처
百千世事等雲浮 백천세사등운부

영원암의 현판시를 차운함

벼랑은 깎아지른 듯 골짜기는 깊숙하니
누가 노을을 보내 이곳을 감싸주었는가
세상 밖에서 정을 말하니 반가운 사람 많고
좋은 지경에 와보니 흰머리가 부끄러워
물을 따라가니 늦게 핀 꽃이 좋고
벽을 지나니 조밀한 가지가 싫어
하룻밤 선방 깨끗한 곳에
수 없는 세상일 뜬구름 같네

歇惺樓次板 上韻 헐성루차판 상운

逶迤石棧掛晴空 위이석잔괘청공
躑躅常參錄葉紅 척촉상참록엽홍
萬二千峰無盡態 만이천봉무진태
歇惺樓下石陽中 헐성루하석양중

헐성루 현판의 시를 차운함

구불구불 돌사다리는 공중에 걸렸는데
철쭉꽃은 푸른 잎에 어울려 더욱 붉어라
일만이천 봉 다함 없는 풍경은
헐성루 아래 석양빛 가운데 있네

萬瀑洞 만폭동

洞深宛若井中天　동심완약정중천
萬瀑嘉名出世傳　만폭가명출세전
元化奇巖因畫局　원화기암인화국
眞珠活水自成淵　진주활수자성연
品題幾度前人手　품제기도전인수
風物猶依太古年　풍물유의태고년
堪笑東來千里客　감소동래천리객
頹齡五十始求仙　퇴령오십시구선

만폭동

골이 깊으니 완연히 물 속 하늘 같아
만폭동 좋은 이름 세상에 전했구나
원화동 기이한 바위는 바둑판이 그려지고
진주담 맑은 물은 스스로 못 되었네
앞 사람들이 얼마나 읊고 갔던가
풍물은 아직도 예와 다름 없구나
우습다 동쪽에서 온 천 리 나그네요
쇠잔한 나이 오십에 신선 구한다네

普德屈 보덕굴

三五瀑潭沿溯回 삼오폭담연소회
銅欞百尺倚山開 동령백척의산개
蹄攀村村憑虛地 제반촌촌빙허지
風袂輕如馭鶴來 풍몌경여어학래

보덕굴

서른다섯 폭포 거슬러 올라가니
백 척의 구리 기둥 산에 의지했네
오르고 또 올라라 허공까지
날리는 옷소매는 학을 탄 것 같네

金剛水 금강수

一泉金不換 일천금불환
虛往實歸仁 허왕실귀인
信矣瓊漿飮 신의경장음
彼在麯米春 피재국미춘
豈徒淸肺腑 개도청폐부
亦可爽精神 역가상정신
各自充其量 각자충기량
蕩然掃六塵 탕연소육진

금강수

금과도 바꾸지 않을 샘물 하나
빈 것으로 가서 채워오는 사람들
경장음*이란 옛말 믿을 수 있네
국미춘**이란 것이 우습구나
어찌 장부만을 맑게 한다 하리
정신까지 상쾌해지네
각자가 양대로 마시면
세상 물욕은 한꺼번에 없어지리

---

* 경장(瓊漿) : 음료(飮料)로 아주 맛있는 것이라고 한다. 『초사(楚辭)』 송옥(宋玉)의 <초혼(招魂)>에 "화려한 술잔 이미 베풀어졌는데 경장도 있네 華酌旣陣 有瓊漿些(화작기진 유환장사)라 하였다.
** 국미춘(麴米春) : 술의 이름 주소사(酒小史)에 운안(雲安)의 국미주(麴米酒)라 하였고 두보(杜甫)의 시에 "이 술 한 잔을 마시면 곧 취한다"고 하였다

衆香城 중향성

重重石勢揷天長 중중석세삽천장
萬劫常含玉雪光 만겁상함옥설광
須識一山中最景 수식일산중최경
摩訶衍北繞城香 마하연북요성향

중향성

겹겹으로 솟은 돌은 하늘에 꽂히어
만 년을 지나도 변치 않는 옥 같은 눈빛
누가 알리 한 산 가운데 가장 좋은 경치는
마하연 북쪽에 중향성이 둘린 것을

毘盧峯 비로봉

準擬金剛最屹峯　준의금강최흘봉
俗緣未料的源逢　속연미료적원봉
蔓延枝葉依根本　만연지엽의근본
羅立兒孫仰祖宗　라립아손앙조종
一室圖書藏法界　일실도서장법계
千秋衣鉢託靈臺　천추의발탁영대
新溪魚采人猶古　신계어채인유고
龍殿香燈歲幾回　용전향등세기회
至理分明無二道　지리분명무이도
胡將萬事付塵灰　호장만사부진회

비로봉

금강산 제일봉 생각이야 오래했지만
속세 인연 여기 올 걸 생각조차 못했네
사방으로 뻗친 가지 근본에 의지했고
둘러싼 잔 봉우리 주봉을 쳐다보네
흰 방의 도서는 만법 세계를 감췄고
천추의 은발은 영대에 의탁했네
신계의 어채에 사람은 예와 같은데
법당의 향등에는 해가 몇 번이나 돌았는가
참된 이치 둘이 없는 것이니
어찌타 모든 일을 허무에만 붙이는가

依韻酬應溟 의운수응명

谷鳥遷喬興感多 곡조천교흥감다
嚶其鳴矣轉淸和 앵기명의전청화
經藏八萬誰傳授 경장팔만수전수
界大三千自寢歌 계대삼천자오가
論學堪憐年政富 론학감린년정부
話心不覺日將斜 화심불각일장사
第宜實地回頭早 제의실지회두조
難再此生能幾何 난재차생능기하

보낸 운자에 의하여 다시 응명에게

골짜기 꾀꼬리 높은 나무에 옮기니 감상이 깊어
아름다운 그 울음 맑고 또 평화롭네
팔만 장경을 누가 전해주었던가
삼천세계에 스스로 노래하네
젊은 나이 학문을 의론하기 좋고
마음을 말하니 해가 비낀 줄 모르네
그러나 빨리 실지로 돌아오게
이생 다시 얻기란 쉽지 않네

萬物草 만물초

懸崖仄足路經幽　현애측족로경유
回首依然上玉樓　회수의연상옥루
奇獸珍禽無定體　기수진금무정체
羽仙金佛不齊頭　우선금불불제두
乃知造物功多費　내지조물공다비
能事來人意盡遊　능사래인의진유
最愛塵淸斜日外　최애진청사일외
崢嶸雪色亂峯稠　쟁영설색난봉조

만물초

비탈에 오르니 길은 점점 깊숙한데
돌아다보니 꼭 하늘에 오른 것 같네
기이한 해 짐승들은 형체가 길지 않고
신선과 부처는 그 목적이 같지 않네
주물주가 많은 공 늘였음을 알겠고
오는 사람 마음껏 놀게 하네
제일 사랑스럽다 석양 나절에
높고 높은 뭇 봉우리 눈빛만이

九龍洞 구룡동

名區自若鬼神慳 명구자약귀신간
歷覽於今孰柳韓 역람어금숙유한
白丈練垂雙鳳瀑 백장연수쌍봉폭
萬車雷吼九龍灘 만차뇌후구룡탄
天然形色看常易 천연형색간상이
變態風雲畵亦難 변태풍운화역난
却恐塵人無慮到 각공진인무려도
海門十里列重巒 해문십리열중만

구룡동

이름난 곳은 꼭 귀신이 아낀 것 같아
두루 보니 유자후 한퇴지 그 누구더냐
쌍봉폭은 흰 비단을 드리우고
구룡연엔 일만 우뢰가 소리치네
천연스런 형색은 보기 쉬우나
변화 많은 풍운은 그리기 어려워라
오직 속인들 한 없이 올까 저어하여
뭇 산이 십리 밖부터 가려주는구나

玉流洞 옥류동

潭濶新添雨 담활신첨우
無風也自寒 무풍야자한
眞如仙界坐 진여선계좌
翻訝畵中看 번아화중간
側石登誰捷 측석등수첩
危橋望亦難 위교망역난
一邦斯潔淨 일방사결정
回首歎長安 회수탄장안

옥류동

비가 더하자 못이 넓어졌는데
바람 없어도 제 스스로 차갑구나
참으로 신선 세계에 앉은 것 같고
다시 그림 가운데 보는 듯하네
기울어진 돌에 누가 먼저 오르는가
위태한 다리는 바라보기조차 어려워라
한 나라에서 이곳이 깨끗하니
혼탁한 서울이 탄식스럽구나

飛鳳瀑 비봉폭

飛入廬山不可尋 비입려산불가심
箇中六六自然音 개중육육자연음
本來捿息殊凡鳥 본래서식수범조
雲表展來千仞心 운표전래천인심

비봉폭

봉새는 여산에 들어간 뒤 찾을 길 없는데
개중에 서른 여섯 봉우리가 스스로 소리하네
원래 그 고상한 생활 일반 새와 달라
항상 구름 밖 천 길 마음에 살고 있네

金蘭屈 금란굴

行到金蘭畵莫容 행도금난화막용
胡爲窟有放光紅 호위굴유방광홍
十洲世界隨形異 십주세계수형이
四序風煙萬地同 사서풍연만지동
石矗秦鞭驅海外 석촉진편구해외
巒連禹斧鑿龍中 만연우부착용중
詩人不識堅頑保 시인불식견완보
指點虛誇氣勢雄 지점허과기세웅

금란굴

금란굴에 와보니 그림으로 그릴 수 없었는데
굴 속에 붉은 빛은 또 무슨 이유인가
십주 세계는 지역에 따라 달라지나
사철 풍연은 여기저기가 다 같네
놀은 진편*에 응하어 바다로 달리고
산은 우부**에 의하여 용문산을 뚫었구나
시속 사람은 자체가 굳음을 알지 못하고
다만 기세의 웅장한 것만 자랑하고 있네

---

* 진편(秦鞭) : 채찍으로 돌을 때려 옮겼다는 진 시황(秦 始皇)의 고사. 진 시황이 석교(石橋)를 놓아 바다에 나가 해 뜨는 것을 보려 했다. 그러자 신인(神人)이 있어 돌을 굴려다가 바다를 메꾸는데, 돌이 빨리 가지 않자 채찍으로 때리니 돌에서 피가 났다고 한다.
** 우부(禹斧) : 『准男子』에 나오는 고사로 우(禹)가 천하의 하천(河川)을 개척할 때 용문산(龍門山)을 도끼로 끊었다 하여 우부(禹斧) 또는 우착(禹鑿)이라고 한다.

依韻酬高低李友 의운수고저이우

風雨簫簫一館深 풍우소소일관심
夜樽對酌太和襟 야준대작태화금
千年濱海人猶古 천년빈해인유고
四月看山客遠臨 사월간산객원임
物外嘯歌眞浪迹 물외소가진랑적
日邊家國每關心 일변가국매관심
那知暫宿遽遽地 나지잠숙거거지
滿軸瓊章遇常音 만축경장우상음

운자에 의하여 고저 이우에게

쓸쓸한 비바람에 한 여관이 같은데
화평한 마음으로 밤 술잔 대했구나
천년에 바다를 곁하니 사람은 예오 같고
사월이라 산 구경 나그네 멀리 왔구나
물외에서 노래하니 참으로 정처 없는 신세요
일변에 있는 집과 나라 언제나 관심이 되네
꿈같이 잠깐 지나가는 이 땅에
수 없는 좋은 시 있을 줄 어찌 생각했으랴

元山 南山 원산 남산

有心節屐詰朝來　유심공극힐조래
滿目腥塵足一哀　만목성진족일애
天自無私均雨露　천자무사균우로
人何失所幻池臺　인하실소환지대
塞風千里歌三関　새풍천리가삼결
浦月深更酒數杯　포월심경주수배
大地江山羞至此　대지강산수지차
當今誰是禦邊才　당금수시어변재

원산 남산

생각이 있어 이른 아침에 왔건만
슬프다 난리 소식 온 땅에 가득하네
하늘은 사심이 없어 우로를 고루 내리는데
사람은 무슨 일로 제 곳을 잃었는가
먼 국경에는 노래 세 곡조요
갯달 깊은 밤엔 술이 두어 잔
우리 강산이 이러한 수치를 당하다니
오늘날 누가 변방을 지킬 인재인가

飄飄然亭 표표연정

摩挲扁額故遲遲 마사편액고지지
回憶蓬翁羽化時 회억봉옹우화시
不盡前程君莫促 부진전정군막촉
團圓此閣更難期 단원차각갱난기

표표연정

현판 글자를 만지면서 더디고 더디니
봉옹*의 신선되던 때를 추억해보네
한 없는 앞길 그대는 재촉지 말라
이렇게 좋은 집에 다시 오기 어려우리

---

* 봉옹(蓬翁) : 포천사람 양사언(楊士彦)을 가리킨다. 그의 호가 봉래이다. 그는 회양군수(淮陽郡守)로 있으면서 금강산을 자주 다녔다.

駕鶴褸 가학루

圃老蓬仙過去褸 포노봉선과거루
斜陽遠客古遲留 사양원객고지유
高低疊嶂連城繞 고저첩장연성요
環抱長川護境流 환포장천호경류
駕鶴欲忘烟火世 가학욕망연화세
懷人自感水雲秋 회인자감수운추
河心邊吏乘餘暇 하심변리승여가
邀我空堂恁地休 요아공당임지휴

가학루

포로와 봉선* 지나간 곳에
석양에 온 먼 나그네 돌아갈 줄 모르네
성을 두른 산은 높고 낮으며
지세를 안고 흐르는 물 길기도 하네
학을 타니 속된 세상 잊고 싶고
사람을 생각하니 가을이 슬프구나
말미 얻은 관리들은 무슨 마음으로
나를 맞아 이 누각에 쉬게 하나

---

* 포로(圃老)와 봉선(蓬仙) : 포로는 포은(圃隱) 정몽주(鄭夢周), 봉선은 봉래(蓬萊) 양사언(楊士彦)을 이름.

釋王寺 석왕사

短厓如束劣通門　단애여속열통문
雲外從聲隔一村　운외종성격일촌
芳草間花春釜盡　방초간화춘부진
難松蔽一晝常昏　난송폐일주상혼
恩綸偏被三朝眷　은륜편피삼조권
寶座因安萬劫魂　보좌인안만겁혼
白髮閒僧亦憂國　백발한승역우국
有時低掌不平論　유시저장불평론

석왕사

짧은 낭떠러지에 겨우 문 하나 통하니
건너 마을 종소리 구름 밖에 들리네
꽃다운 풀이 꽃에 섞이니 봄 다함 없고
울창한 솔 해를 가리니 낮이 어둡구나
임금 은혜 이미 세 조정 거쳤는데
부처의 탁자는 수 없는 풍상에도 편안했네
백발의 한가한 중도 나라 금심하여
때로는 불평한 의론에 손바닥 치네

分水嶺 분수령

化工到此揣摩深 화공도차취마심
一定放維自不侵 일정방유자불침
東出泉源分二界 동출천원분이계
南奔山脉路中心 남분산맥노중심
小遊豈盡江湖趣 소유개진강호취
彩筆時揮五七吟 채필시휘오칠음
堪惜關河如矢道 감석관하여시도
馬牛駄載蕩邊禁 마우태재탕변금

분수령

조물주도 여기엔 깊이 생각해서
일정한 방향에 조금도 변동하지 않았네
동으로 나간 샘은 두 경계를 이루고
임을 향한 산맥은 중심을 표했어라
잠시의 놀기가 어찌 강호 취미를 나하랴
좋은 붓은 때로 오언 칠언 시를 쓰네
아쉬워라 곧고 곧은 저 국경선 길에
소 말 짐들을 하나로 금하는 사람 없느뇨

遼東伯廟 요동백묘

大義擎天動夏夷 대의경천동하이
稟精山嶽獨英姿 품정산악독영자
誰知褒袞華陽筆 수지포곤화양필
劈破重陰閉九時 벽파중음폐구시

요동백* 묘

큰 의리가 중국과 오랑캐를 움직이니
영웅적 자질 산악 정기에서 났어라
춘추필법 본받은 화양**의 붓이
긴 밤에 태양 같음을 누가 알리

---

* 요동백(遼東伯) : 광해군 때 명나라가 건주위(建州衛)를 칠 때 원병(援兵)으로 갔던 김응하(金應河)를 가리킨다. 그가 전사하자 명 신종(明 神宗)은 그에게 요동백을 봉추했다.
** 화양(華陽) : 송시열(宋時烈)을 뜻한다. 송시열은 말년에 청주 화양동에서 은거했다.

高石亭 고석정

海山餘趣更何求　해산여취갱하구
高石東州別界幽　고석동주별계유
只此堪誇涉玄圃　지차감과섭현포
亦曾多事訪丹丘　역증다사방단구
時艱不合思經退　시간불합사경퇴
身健偏宜賦壯遊　신건편의부장유
最是親堂西日迫　최시친당서일박
歸心爭駛下灘舟　귀심쟁사하탄주

고석정

바다와 산에서 남은 흥을 다시 어디서 찾으리
동쪽에 있는 고석정 별천지 깊숙하네
여기는 현포*라 말할 수 있네
무단히 단구**를 찾으려 수고하랴
때 혼란하니 경솔히 물러서기 어렵고
몸 건강하니 먼 여행이 가장 좋더라
어버이는 늙어서 석양이 되었으니
돌아가고 싶은 마음 여울에 내리는 배 같구나

---

* 현포(玄圃) : 곤륜산(崑崙山) 위에 있다는 신선이 살던 곳
** 단구(丹丘) : 초사(楚辭)에 나오는 말로 "단구는 신선들이 노는 곳으로 사람이 죽지 않는 고을이다."라고 했다.

蓴潭 순담

綠野當年意味淸 녹야당년의미청
客來只有谷禽鳴 객래지유곡금명
浮雲流水迷茫地 부운류수미망지
采采潭蓴不盡淸 채채담순불진청

순담

녹야의 그때 그 사람의 의사 맑았건만
이제 나그네 오니 산새만 울고 있네
뜬 구름 흐르는 물 아득한 속에
나 홀로 순풀 캐니 그 마음 한이 없구나

三釜淵 삼부연

踏遍仙遠不假船 답편선원불가선
窮途壯觀亦由天 궁도장관역유천
九龍瀑下形俱忘 구룡폭하형구망
三釜潭中興又牽 삼부담중흥우견
攀去緣崖難付屐 반거연애난부극
坐來班草更成筵 좌래반초갱성연
却歎淵老淸高節 각탄연노청고절
溪北猶留舊飮泉 계북유류구음천

삼부연

신선 지경 밟아 다하니 배가 소용없네
험한 신세 좋은 구경 하늘이 주었지
구룡폭포에서 내가 나를 잊었고
삼부담에서 흥겨웠노라
벼랑에 오르니 발 붙이기 어렵고
풀에 앉으니 자리 좋네
오직 연로*의 맑은 그 절개는
시내 북쪽에 아직도 옛 샘이 있네

---

* 연로(淵老) : 김창흡(金昌翕)을 지칭한다. 그의 호가 삼연(삼연)인데 그는 삼부연이 좋아 자신의 호를 삼부연이라 했다.

龍華 용화

昔人破僻與誰謨　석인파벽여수모
一派溪源十里幽　일파계원십리유
萬壑烟霞閑計活　만학연하한계활
賞春花鳥舊風流　상춘화조구풍류
浮緣多感莊周夢　부연다감장주몽
時事偏悲宋玉秋　시사편비송옥추
浪迹曾誇仁智趣　랑적증과인지취
何辭夷險盡情遊　하사이험진정유

용화

옛 사람은 누구와 같이 이곳을 열었던가
한 줄기 물 근원이 십 리에 깊숙하네
한가한 생활은 연하가 산에 가득하고
옛 풍류는 화조가 봄빛을 자랑하네
뜬 인생 장주의 꿈*이 회상되고
세상 일은 송옥의 가을*이 더욱 슬프네
떠도는 자취 산수 취미도 많았는데
즐거운 이때 험하고 평탄함을 어찌 사양하리

---

* 장주(莊周)의 꿈 : 호접몽(胡蝶夢)과 같은 말, 『莊子』〈齊物論〉에 말로 "장자가 꿈에 나비가 되어 훨훨 날아다녀 자신이나 세상일을 완전히 잊었다"고 한다.
** 송옥(宋玉)의 가을 : 송옥은 전국(戰國)때 초(楚)나라 사람으로 굴원(굴원)의 제자다. 사부(사부)에 능하여 비추부(悲秋賦)를 지었으므로 가을을 말할 때 송옥을 일컫는다.

梁文路中 양문노중

幸遂登臨約 행수등임약
還尋舊渡橋 환심구도교
故鄕花鳥近 고향화조근
仙境海山遙 선경해산요
携手同千里 휴수동천리
分驂愴一朝 분참창일조
平生弧矢志 평생호시지
倒此十分饒 도차십분요

양문노중

산수에 놀 언약이 이루어져서
옛 건너던 다리 찾네
화조는 내 고향이 가깝건만
산경은 바다 산이 멀었구나
손 잡고 먼 길 동행하였더니
이별하니 이 시간이 슬프구나
평생에 멀리 놀 뜻은
오늘이야 만족하여라

3부

사람을 귀하게 여김

효자 오인식의 분암 현판시를 차운함

효자는 혹 능할 수 있으나 군자란 능할 수가 없고, 신의가 저 짐승에까지 미칠 수 있으나 왕공의 알아줌을 얻기란 정말 어려운 것이다. 그 원인은 무엇인가?

대개 도(道)란 일부와 전체가 있고, 덕(德)이란 크고 작은 것이 있다. 그러므로 고금의 인정은 대개 같으나 임금의 좋아하고 싫어함은 일정하지 않은 것이다. 예전 효자 인식이 어릴 적부터 타고난 지극한 효성이 있어서 늙을 때까지 하루같았다. 일찍이 음직(蔭職)으로 익조(翼祖, 翼宗을 말함)와 헌고(憲考, 憲宗)를 섬겨서 밤낮으로 가까이 모시어 보익의 공로가 적지 않음으로 두 임금이 항상 그 지극히 가까운 위치에 있는 신하들에게 말하기를 '이 사람은 참으로 성실한 사람이요, 또 성실한 군자에 부끄럼이 없는 사람이다.' 하였고, 또 금상 전하가 효도로써 정치의 이념을 삼은 이 때를 당하여 또 효자에게 벼슬을 내리고 정려(정려)로써 표창하였으니, 아아, 성실이란 천리의 근본이요, 군자란 덕 있는 사람의 높은 이름이요, 효자란 모든 행실의 근원이다.

그 본연의 천리로 군자의 행실을 닦고 효제로 그 분본을 한다면 이것은 참으로 천지의법이 되고 사회에 진출해도 남음이 있을 것이다. 이것을 어찌 쉽게 말하겠는가? 이는 대개 효자의 실질적인 마음과 덕이 가운데 쌓이고 밝게 표현되어서 상하와 친소가 모두 믿게 되는 것이니, 이러써 선왕(先王)의 그 어진 덕이 더욱더 보통에 만만 배나 지난다는 것을 볼 수 있다. 그의 아들 황묵보가 그 아버지의 유법이 날로 멀어져감을 생각하고, 임금님의 교훈이 어두울까 슬퍼하여 ㅎ자의 행장 한 통으로써 많은 학자들의 증빙을 얻어 문자를 구비하여 멀리 뒷날의 사업을 도모코자 하고 있다. 아아, 그 어버이의 덕을 천명하는 것은 곧 자손의 지극한 정성이다. 어찌 본래부터 안면이 없다하여 일반적 의무를 폐하겠는가? 나의 불민을 잊고 삼가 차운한다.

次吳孝子 寅植 墳庵板 上韻
차오효자 인식 분암판 상운

觀行居多不副言 관행거다불부언
若人堪許由根源 약인감허유근원
孝慈爲德群情悅 효자위덕군정열
誠實推名矜意存 성실추명곤의존
老去瞻依春雨室 노거첨의춘우실
閒來薖軸白雲村 한래과축백운촌
如何世上芬華子 여하세상분화자
本領空疎妄自尊 본령공소망자존

효자 오인식의 분암 현판시를 차운함

행동을 보면 말과 맞지 않는 일이 허다한데
이사람이야말로 근원이 있다 하겠네
많은 사람은 효자의 덕에 즐거워하고
임금님 은혜에 그 이름 더 높았네
늙어서 춘우의 집 우러러보고
한가하지 흰 구름 마을에 숨었네
어찌타 세상에 화려한 자들이여
근본을 모르고 스스로 높은 체 하느뇨

和贈盧誠五 應奎 李英汝 基春
화증노성오 응규 이영여 기춘

山河擧目摠腥塵　산하거목총성진
却許花林有主人　각허화림유주인
再涉荊門多警發　재섭형문다경발
從知邃識別來新　종지수식별래신
問君何事躡紅塵　문군하사섭홍진
謂向雲潭見大人　위향운담견대인
一理流環無彼此　일리유환무피차
莫將平易換奇新　막장평이환기신

노성오 응규와 이영여 기춘에게 화답함

산하를 보니 모두가 더러운 티끌인데
오직 꽃 숲에는 주인 있음을 알레라
다시 그대 집에 옴에 깨우칠 것도 많으니
깊은 학문이 더 새로워진 것 알겠네
묻노니 그대는 왜 노시에 왔는가
말하길 운담에서 대인 뵈는 때문일세
한 이치는 돌고 돌아 피차가 없으니
부디 신기로써 평이함을 바꾸지 말게

鄭應善 鳳基 與同志諸士友聯袂遠顧
정응선 봉기 여동지제사우연몌원고

愁殺風烟洌水濱 수살풍연열수빈
諸君聯袂摠奇新 제군연몌총기신
始交何必求同調 시교하필구동조
竹栢相期未了春 죽백상기미료춘

정응선 봉기가 여러 동지 사우들과 함께 멀리 찾아오다

차가운 열수가 바람 연기에
찾아주는 그대들 모습 신기하구나
처음 보는데 구태여 동조를 구하랴
대와 잣나무는 긴 봄을 기약할 뿐이지

次金子元智島頭流山韻
차김자원지도두류산운

孤山壁立鎭奔流　고산벽립진분류
重老吟蘭問幾秋　중노음란문기추
莫說天涯知者少　막설천애지자소
於今尙續後入遊　어금상속후입유

김자원의 지도 두류산 시를 차운함

외로운 산이 우뚝서서 급류를 막으니
중로*의 귀양살이 몇 해인가
멀고 먼 곳에 아는 자 적다 말하지 말라
이제 앞 사람 놀음을 다시 계속하고 있네

---

*중로(重老) : 중암(重庵) 김평묵(金平黙)을 지칭한다.

堯山夜會 요산야회

百世淵翁宅 백세연옹댁
遺風說更長 유풍설갱장
寸心宜盡瀉 촌심의진사
淸夜未渠央 청야미거앙

요산에서 밤에 모임

오래된 연옹* 집에
유풍의 말이 다시 길구나
이 마음 남김 없이 쏟으니
맑은 밤도 다함 없어라

* 연옹(淵翁) : 연재(淵齋) 송병선(宋秉璿)을 가리킨다.

晬日志感 쉬일지감
환갑날 소감을 기록함

이미 지나간 세월을 회고할 때 나이가 나보다 많은 사람도 있고, 나와 같은 사람도 있고, 또 나보다 적은 사람도 있다. 그러나 이 세상을 마칠 땐 다 같은 20~30세에 마치거나 혹은 40~50세에 마치며 그 환갑까지 가는 자는 대개 드물다. 그러므로 수(壽)란 오복*의 하나요, 또 달존(達尊)**의 하나라고 하니 성인들이 그 소중하게 여기는 바를 잘 알 수 있다. 그러므로 속수옹(涑水翁 송의 사마광(司馬光)을 가리킴)의 「거가잡의(居家雜儀)」에 어른의, 장수 잔치를 큰일이라 하였고, 周 先生(주선생 주희(朱熹)를 말함))이 「가례(家禮)를 지을 때 그 말을 편입한 진의를 더욱 알 수 있다.

나는 품질(稟質)이 위약하여 열 살 때부터 서른 살 안팎에 이르기까지 하루도 병이 없는 날이 없고, 병이 나면 반드시 거의 죽을 것만 같다가 다행히도 다시 일어나곤 하였다. 계묘년(1843)과 병오년(1843) 이후로 모든 불의의 사고가 나 자신으로부터 일어나서 말하기 어려운 일들이 많았다. 가까이는 임금 좌우에 있는 모든 대신들이 죽이라는 글과, 멀리는 남쪽 나라

수천리 밖의 죽을 곳으로 간 그 일들을 생각할 때 절대로 만에 하나라도 살아 있을 것을 생각하지 못했던 것이다. 다행이 어진 임금이 그 생명을 살리려고, 조정에서 그 법을 관대히 하여 교외로 쫓아버림으로써 겨우 자유의 몸이 되어 오늘에까지 이르렀으니, 이것은 실상 뜻밖의 일이 아니라 할 수 없다. 더구나 마침 가정이 평온하고, 육친(六親)***이 무사하며, 약간의 탕병(湯餠)에 또한 손님들도 모였으니 선부모 환갑에 비교하면 너무 참람하고 과분한 일이다. 부모님 생각과 형제를 생각하는 회포 때문에 진실로 차마 환갑의 술잔을 받을 수 없으나 또한 어찌 나의 소감만으로 자손의 정리를 전연 무시할 수 있겠는가? 부득이하여 중당에 자리를 펴고 나는 종제와 같이 동쪽에 앉고, 부인은 형수와 함께 서쪽에 앉으며, 그 밖에 모든 무리들은 차례로 서서 간들이기를 예절에 맞추어 하니 이것이 나의 증조부 가음부군(嘉蔭府君)의 경오년 뒤로 처음 있는 일이다.

* 오복(오복) : 사람에게 있는 다섯가지의 복, 「서경」 홍범(홍범)에 "이 세상 사람은 다섯가지 복이 있다. 그 첫째는 수(수)요, 둘째는 부(부)요, 세째는 강녕(康寧)이요, 네째는 유호덕(攸好德)이요, 다섯째는 공종명(공종명)이다."하였다.
** 달존(달존) : 모든 사람들이 공통적(共通的)으로 존경할 만한 사람. 「맹자」(孟子) 공손추하(공손추하)에 "이 인간에는 세가지 달존(달존)이 있으니, 조정(조정)에는 지위(지위)가 높은 것이요, 향당에는 연치(연치)가 높은 것이요, 세상을 보존하고 사회를 편히 하는 데는 덕이 높은 것이다." 하였다.
***육친(六親) : 여섯 가지 친족. 부모·형제·처자, 혹은 처자 대신 부부를 일컫기도 하는 등 여러 설이 있어 일정하지 않다.

아아, 하늘이 나에게 준 것이 너무도 후하구나! 나의 한 평생을 고루고루 보아도 하나의 착한 일이라곤 없으며 저 소인과 범부들과 같이 돌아가고 말 것이니 이 어찌 슬프지 않으랴. 옛 사람은 60, 90에도 그 덕이 날로 전진하는 자가 있다 하였는데 나는 지금부터 남은 해를 오직 하늘에 임할 뿐이다. 비록 하루에도 과식이 있으면 뉘우칠 줄 알고 뉘우치면 곧 개전(改悛)에 전념하여 아무리 혈기는 쇠할지라도 그 분발한 공부는 게을리 하지 않음으로써 과거 흉한 것을 덜고 미래를 길한 것을 이룰 수 있으면, 이것이 곧 나의 스스로 경하는 바이며 서로 바로잡아주고 서로 경계하며 노모(노모)로써 버리지 말아주기를, 나를 사랑해주는 여러 군자에게 바라는 바이다.

睟日志感 쉬일지감

日余生幸小華東　일여생행소화동
六十年過夢覺中　육십년과몽각중
鬢髮但看朝暮別　빈발단간조모별
心期猶許壯衰同　심기유허장쇠동
萬回難保劬勞德　만회난보구노덕
再造能忘覆載功　재조능망복재공
俯仰公事多少感　부앙공사다소감
臘千白屋誦泉風　납천백옥송천풍

환갑날 소감을 기록함

내가 다행이 소화동에 나서
육십년을 꿈과 깨는 가운데서 보냈네
귀밑털은 아침저녁으로 달라지는데
이 마음은 아직 장년과 소년이 같네
만 번 생각해도 부모 은혜 어찌 갚으랴?
다시 만들어 주신 천지 공은 잊기 어려워라
공사간에 많고 적은 감회는
설 하늘 가난한 집에 천풍시*를 외우네

---

* 천풍시(泉風詩) : 「시경(詩經)」에 나오는 말고 회풍(檜風)의 비풍(匪風)과 조풍(曹風)의 하천(下泉)을 가리킨다. 이 시는 시인들이 주(주)나라의 쇠퇴함을 슬퍼한 것이라 한다.

河濱驛拈韻共別 하빈역점운공별

多謝簪艤伴 다사잠휴반
觸炎共見隨 촉염공견수
莫將閒散跡 막장한산적
說與俗人知 설여속인지

하빈역에서 운자를 뽑아서 같이 이별함

고맙기 그지 없네 잠휴의 친구들이여
더위를 불구하고 동행해 주었네
부디 이 한산한 자취를
속인들에게 말하지 마오

---

* 잠휴(簪觿)의 친구 : 잠(簪 비녀)과 휴(觿 송곳) 등을 가진 사람이란 뜻으로, 옛날 귀인들은 이러한 소지품을 지니고 다녔다.

湖南諸生來顧龜洞講後拈운
호남제생래고귀동강후점운

客驢齊趍菊秋時 객려제진국추시
特地輪經樂未移 특지륜경락미이
久矣堅氷長夜世 구의견빙장야세
許君能續遠遊詩 허군능속원유시

호남에 있는 제생들이 귀동에 와서 강의한 후에 운자를 뽑다

나그네의 말이 국화 때 함께 왔으니
경의를 강하는 이 곳 즐겁기만 하네
두꺼운 얼음 긴 밤 같은 이 세상에
그대들만이 멀리 놀 수 있음을 알겠네

疊前韻贈趙忠吾 東夏 歸南原
첩전운증조충오 동하 귀남원

知君姿性雅而幽 지군자성아이유
且向芳年任壯遊 차향방년임장유
擇地焉容非禮踐 택지언용비례천
蕩胸不許點塵留 탕흉불허점진유
論心政喜頻聯榻 논심정희빈련탑
惜別其何獨倚樓 석별기하독의루
莫謂窮途難箸脚 막위궁도난저각
黃花綠竹耐深秋 황화록죽내심추

앞에 지은 운자를 다시하여 남원에 돌아가는 조충오 동하에게

알괘라 그대 자질이 단아하고 깊숙한데
또 젊은 나이에 장한 놀이하고 있네
땅을 가리니 어찌 더러운 곳을 밟으랴
넓은 가슴엔 한 점 티끌도 용서치 않는구나
마음을 의논할 땐 책상을 마주하고
이별을 슬퍼하며 어찌 나홀로 누에 오르리
궁할수록 마음 갖기 어렵다 하지 말라
국화와 푸른 대는 깊은 가을 견디네

錦江途中 금강도중

殊鄕觀物摠新容 수향관물총신용
伊軋籃輿睡意濃 이알람여수의농
落日逶迤江畔路 낙일위이강반로
兩三遠友不期逢 양삼원우불기봉

금강 도중

다른지방 풍경이라 모두 새얼굴
삐걱삐걱 가마 소리에 잠도 깊었네
저녁 빛 강 길은 구불구불한데
두서너 옛 벗을 우연히 만났구려

支石理排立齋宋相公 近洙
지석리배립재송상공 근수

相公出處儘從容 상공출처진종용
水竹生涯談且濃 수죽생애담차농
桑海殘生猶有命 상해잔생유유명
暮年爲許大人逢 모년위허대인봉

지석리에서 입재 송상공 근수에게 절함

상공의 출세와 처세 참으로 조용하니
수죽의 그 살림살이 맑기도 하네
변천 많은 이 몸 아직 생명이 있어서
늙은 나이에 대인 만나기를 허락했었네

搜勝臺次退溪先生韻
수승대차퇴계선생운

嶠南饒水石 교남요수석
搜勝擅名佳 수승천명가
石出潭因舊 석출담인구
霞濃逕不埋 하농경불매
曾誰三洞主 증수삼동주
今我上淸懷 금아상청회
吟就翻歸去 음취번기거
幽香滴斷崖 유향적단애

수승대에서 퇴계 선생의 시를 차운함

영남에는 수석도 많은데
수승대가 그 이름 높았네
돌 솟아도 못은 예와 같고
놀이 짙어도 길은 묻히지 않았네
일찌기 누가 삼동의 주인이던가
이제 나는 하늘에 오른 것 같네
시가 이루어지자 곧 돌아가니
깊숙한 향기 끊어진 언덕에 떴네

登頭流山 등두류산

稀年方丈約 희년방장약
賴有二三公 뢰유이삼공
願借推移力 원차추이력
期於最上峯 기어최상봉

두류산에 오르다

칠십에 방장산 오를 약속은
오직 그대들 있는 까닭일세
원컨대 추진의 힘 더하여
최상봉 오르길 약속하세

天王峯 천왕봉

乾坤初闢在何年　건곤초벽재하년
準備頭流擎彼天　준비두류경피천
層涯陰織春無盡　층애음직춘무진
下界雲蒸晝欲眠　하계운증주욕면
瞻依日月頻回首　첨의일월빈회수
管轄山河總俯前　관할산하총부전
莫謂尋眞多別路　막위심진다별로
發源自有逝斯川　발원자유서사천

천왕봉

하늘과 땅이 그 어느 해 열렸던가
저 하늘 받치려고 두류산을 준비했네
층계진 언덕엔 그늘 쌓여 봄이 다하지 않고
아래 지계에 구름이 끼니 낮에 잠자고 싶네
일월을 보고 무난히 슬퍼하며
산하를 관리하니 모두가 내 앞에 구부리네
진겨을 찾는데 어디 다른 길이 있으랴
원류부터 이 시내가 있게 되었네

籠山亭 농산정

吾家先蹟仰玆山 오가선적앙자산
流水行雲歲幾環 유수행운세기환
常恐是非珍重句 상공시비진중구
宛然心畵未曾刪 완연심화미증산

농산정

우리 선조 유적지 이 산을 우러러보니
흐르는 물 떠도는 구름에 몇 해나 되었나
시비를 두려워한다는 진중한 그 글귀는
문자가 완연하여 없어지지 않았네

矗石樓次退溪先生韻 촉석루차퇴계선생운

晉陽三節垂靑史 진양삼절수청사
寓地淸芬有此樓 우지청분유차루
社稷貞忠星北供 사직정충성북공
朝宗大義水東流 조종대의수동류
層欄壓石微凉動 층란압석미량동
曠野連天積翠浮 광야연천적취부
從吉用兵多不效 종길용병다불효
浩歌一曲對芳洲 호가일곡대방주

촉석루에서 퇴계 선생의 시를 차운함

진양 삼절사는 역사에 드리웠고
객지에서 맑은 향취는 이 누가 있네
나라 충신은 별이 북극을 향함과 같고
임금을 위한 대의는 물이 동으로 흐름과 같네
높은 난간에는 서늘한 기운이 움직이고
넓은 들에는 푸른 빛이 떠 있구나
예부터 이 곳엔 군사 쓰기 어려우니
긴 노래 한 곡조 꽃다운 물가를 대했구나

布德門外待命甲辰 포덕문외대명갑진

歲暮三韓國 세모삼한국
吾王自聖明 오왕자성명
孤臣偏被淃 고신편피권
積罪室今生 적죄실금생

포덕문 밖에서 나라의 명을 기다림 갑진

해 저문 삼한 나라에
우리 임금님 착하고 밝으셔라
외로운 신하 치우친 사랑을 입어
죄 쌓으면서 아직까지 살아 왔구나

被囚日獄口號 乙巳 피수일옥구호 을사

萬事曾聞有志成 만사증문유지성
跨年闕下置身輕 과년궐하치신경
寸丹未效俘先及 촌단미효부선급
更作何辭答聖明 갱작하사답성명

일본 감옥에서 곧 부름 을사

모든 일은 뜻 있으면 된다 했는데
한 해가 지나도록 무단히 궐하에 있었네
붉은 마음 못 바치고 포로만 되었으니
다시 무슨 말로 어진 임금 보답하리

自日獄押還本第李君陽來 道服 遠來相慰
자일옥압환본제이군양래 도복 원래상위

淸眸相對索居中 청모상대색거중
歷盡艱危到巷窮 역진간위도항궁
過境風霜那更說 과경풍상나갱설
世間憂樂本來空 세간우락본래공

일본 감옥으로부터 압송되어 본가에 돌아오니 이군 양래 도복가 멀리 와서 서로를 위로함

오래 적막하던 중 반가이 만나니
많은 난관을 거쳐 궁벽한 데 왔구나
지나간 풍상을 어찌 다시 말하랴
세상 모든 근심과 즐거움 공이라네

追次定山校宮飮禮韻 추차정산교궁음례운

吾道斡旋機在天 오도알선기재천
箇中一線斷還連 개중일선단환연
沙翁遺澤知何在 사옹유택지하재
此擧猶能永世傳 차거유능영세전

정산 향교의 향음례 시를 뒤늦게 차운함

우리 도 운행은 본래 하늘에 있어
한 실끝 같은 것이 끊어지고 또 연하였네
사옹*의 끼친 은택 어디에 있는가
이 일이 이 세상에 길이 전하리

---

* 사옹(沙翁) : 사계(沙溪) 김장생(金長生)을 가리킨다. 김장생이 일찍이 정산 현감(定山縣監)을 지냈다.

乙巳除夕 을사제석

來歲曾吾負笈初 래세증오부급초
生涯隨處一蓬廬 생애수처일봉려
魚樵喚伴常云足 어초환반상운족
蔬糲成家不願餘 소여성가불원여
艱險莫歎今日事 간험막탄금일사
依歸自有古人書 의귀자유고인서
可憐名利場中客 가련명리장중객
役役終年總落虛 역역종년총락허

을사년 섣달 그믐날에

내년(60년 전 병오)이 곧 내 처음 글 배우러 가던 해
생활이란 곳곳마다 한 풀집뿐이네
친구란 모두 어초라 언제나 만족하고
채소와 뉘쌀로 끼니 이으니 다른 것 원치 않네
어렵고 험한 오늘 일 탄식하지 말라
내 의지할 곳은 고인의 글이 있네
불쌍하다 명리에 바쁜 사람들이여
한 평생 허덕인 것 마침내 무엇이 있는가

日獄中默會 五絶十四首
일옥중묵회 오절십사수

未了桑海劫 미료상해겁
重踏石黎場 중답석려장
一敗咎誰執 일패구수집
愧吾乏寸長 괴오핍촌장

毀譽關何事 훼예관하사
反身樂有餘 반신락유여
造次一言要 조차일언요
知讀古人書 지독고인서

일본 감옥에서 말 없이 오언절구 열 네 수를 지음

글 읽는 사람은 방위 책임도 없고, 80이란 나이에 종군할 때도 아니다. 그러나 이 비상한 시기를 당하여 위로 조정과 아래로 농촌에 이르기까지 벙어리·장님·앉은뱅이를 제외하고는 모두가 말하기를 제 집에만 있고 나라일을 모르는 척하는 사람은 결코 그 인심이 없는 자라고 한다. 대범 내가 지은 앙화로써 제군들에게 누가 미치게 하였으니 부끄럽고 저버린 것이 적지 않다. 글자의 높고 낮은 것과 시의 품격을 보지 않고 마음에 가는대로 그 사실만을 서술하여 각기 오언 일절을 주어 뒷 날의 참고를 준비한다.

인간의 겁운 다 마치시 못하여
전장 마당을 거듭 밟았네
한 번 패한 잘못 누구에게 있는가
부끄럽다 나의 재주 없음이여
　　　　　　　　　　-위는 자신을 책한 것임

헐뜯고 자랑함이 무슨 관계가 있는가
돌이켜 생각하면 즐거울 뿐일세
한 말 긴요한 것 생각하고 생각하면
참으로 옛사람 글 읽을 줄 알았지
　　　　　　　　　-위는 고석진(高石鎭)에게 줌

深山追孝日 심산추효일
虛邑誓衆時 허읍서중시
秉義公天下 병의공천하
焉容點子私 언용점자사

禍網尙可脫 화망상가탈
損疾神佑然 손질신우연
深知還鄕日 심지환향일
籍手拜先阡 적수배선천

各在貧病地 각재빈병지
會少別常多 회소별상다
偶同南冠繫 우동남관집
相望可奈何 상망가나하

깊은 산에서 효도를 추모하던 날이요
빈 성에 대중과 맹세하던 때이네
의리는 천하에 공평한 것이니
어찌 한 점의 사를 용납하랴
                    -위는 임병찬(林炳瓚)에게 줌

앙화의 그물도 이미 벗었고
병세도 신이 도운 것이네
나는 알겠네 고향에 가는 날
맨 먼저 선대의 묘에 절하리
                    -위는 문달환(文達煥)에게 줌

각기 병 많고 가난한 처지여서
모임 적고 이별을 많았는데
우연히 감옥을 같이 했으니
서로 바라본들 어찌하겠나
                    -위는 양재해(梁在海)에게 줌

疇昔方丈緣 주석방장연
尚在夢想中 상재몽상중
不意今日事 불의금일사
心迹與之同 심적여지동

皓首奮畎畝 호수분견묘
草野願忠心 초야원충심
亂賊人皆討 난적인개토
何須問古今 하수문고금

風頭能不迷 풍두능불미
處逆如順境 처역여순경
所養那可誣 소양나가무
常目揭字省 상목게자성

옛날 방장산에 놀던 그 인연
아직도 꿈 가운데 있네
뜻하지 않았떤 오늘 일은
마음과 자취가 그대로 같구료

　　　　　　　　　　　　-위는 임현주(林顯周)에게 줌

흰머리로 밭 갈다 일어났고
농촌에서 충성심을 자원했지
난신 적자는 사람마다 쳐야 하니
예와 이제가 무엇이 다르리

　　　　　　　　　　　　-위는 김기술(金箕述)에게 줌

풍파를 만나도 혼미하지 않고
역경을 당해도 보통 때와 같네
수양의 공부를 어찌 속이겠는가
마음은 항상 성자의 현판에 있었네

　　　　　　　　　　　　-위는 조우식(趙愚植)에게 줌

咄咄今天下 돌돌금천하
橫罹亦一時 횡리역일시
假使進於此 가사진어차
吾心執能移 오심집능이

南國迷前路 남국미전로
行行問子居 행행문자거
加愛乾淨地 가애건정지
家風不願餘 가풍불원여

芝翁垂統緖 지옹수통서
舊德至今食 구덕지금식
懷珍鮮不售 회진선불수
當次須勞力 당차수노력

탄식 서리워라 이 세상
뜻밖에 제앙도 많더라
비록 이보다 더한들
내 마음 누가 옮기리
-위는 조영신(曺泳善)에게 줌

남쪽 나라에서 앞 길을 모를 때
가고 가면서 자네의 거처 물었네
사랑스러운 그 깨끗한 곳에
전통적 가풍은 분수 아닌 것 원치 않네
-위는 최제학(催濟學)에게 줌

지옹이 남겨 놓는 전통
그 혜택 이제까지 받네
보배는 두고 팔지 않기 어려워
갈수록 더 노력하게
-위는 이용길(李容吉)에게 줌

平地无妄厄　평지기망액
其亦玉爾身　기역옥이신
自此須勤讀　자차수근독
淵氷做精神　연빙주정신

淵翁善造士　연옹선조사
往往嘉名錫　왕왕가명석
歲暮人己居　세모인기거
子兮將安適　자혜장안적

落日淳昌館　락일순창관
誓死纔二七　서사재이칠
惟君先致命　유군선치명
吾輩賴生色　오배뢰생색

아무 까닭 없이 달친 앙화는
그 또한 너를 성공시켜 주리
지금부터 글 읽기 더 하여
그 정신 조심에 있게 하게
-위는 유해용(柳海瑢)에게 줌

연옹은 선비가 잘 만들어
때로는 좋은 이름을 주었네
해는 저물고 사람은 갔으니
자네 장차 어디로 가려는가
-위는 나기덕(羅基德)에게 줌

날 저문 순창관에서
죽기를 맹세한 사람 이십 칠 명
오직 그대 먼저 죽었으니
우리 무리도 생색이 있네
-위는 정시해(鄭時海)에게 줌

對馬島囚館贈先來九人
대마도수관증선래구인

藐爾書生秉義敦 묘이서생병의돈
古家風韻至今存 고가풍운지금존
忘私公耳雖云壯 망사공이수운장
其奈偏慈望倚門 기나편자망의문

布韋於國事無關 포위어국사무관
泄泄時論膽欲寒 설설시론담욕한
一切隨風儒首地 일체수풍유수지
許君能守舊衣冠 허군능수구의관

君家名義聞曾慣 군가명의문증관
幾息乾坤眼忽開 기식건곤안홀개
鱷水蛇山休說苦 악수사산휴설고
木經風雪也成材 목경풍설야성재

대마도 감옥에서 먼저 온 아홉 사람에게

조그만 한 서생 의리에 독실하니
옛 집 풍기 지금도 있구나
사를 잊고 공을 위함이 비록 장하나
어머니가 문에서 기다림을 어찌하랴
        -위는 이식(李侙)에게 부침

선비가 나라 일에 관계 없다는
답답한 그 의논들은 간담을 차게 하네
모든 사람들은 바람에 쓸리는데
오직 그대만이 옛 의관을 지켜 왔구나
        -위는 유준근(柳濬根)에게 줌

그대 집 이름 듣기에 익었으니
도 없는 이 세상에 이 눈 다시 열리네
거센 물 험한 산 괴롭다 말라
나무는 풍설을 지냄으로써 재목을 이루지
        -위는 안항식(安恒植)에게 부침

中夜悲歌何激越　중야비가하격월
世間無地讀陽秋　세간무지독양추
曾知嘉德源流遠　증지가덕원류원
勉向桑楡努力收　면향상유노력수

暴虛憑河吾不與　폭허빙하오불여
聖門垂誡自分明　성문수성자분명
維君秉執能先義　유군병집능선의
不以己私較重經　불이기사교중경

蹄迹山河天亦老　제적산하천역노
此行何愧鬂毛華　차행하괴빈모화
袖中勤拾烟霞滿　수중근습연하만
歸對鄕園座客誇　귀대향원좌객과

밤중 슬픈 노래 어찌 그렇게 과격한가
세상에는 춘추 읽을 곳 마저 없구나
머리 내려 온 그대 집 전통 알고 있네
늙은 지경 향하여 더욱 노력하게
        -위는 신보균(申輔均)에게 부침

범을 잡고 하수를 건너는 것* 허여하지 않음
이것이 성문에서 분명히 남긴 훈계네
오직 그대는 의리를 잡아서
사리로 경중을 계고하지 않으리
        -위는 이상두(李相斗)에게 부침

금수가 날뛰는 이 산하에 하늘도 늙어서
이번 걸음 어찌 흰 머리를 부끄러워하랴
두 소매에는 연호를 가득 거두었으니
고향에는 돌아가 우리 집 손님에게 자랑하려 하네
        -위는 최상집(崔相集)에게 부침

---

* 범을…건너는 것: 아무리 용맹이 있어도 취하지 않는 다는 뜻 『논어』〈술이(述而)〉에 "맨손으로 범을 잡고, 도보로 하수를 건너다가 죽어도 후회하지 않을 자를 나는 취하지 않는다." 하였다.

寄吾身處便吾室　기오신처편오실
萬里層溟接太虛　만리층명접태허
隨地安閒如子幾　수지안한여자기
知應前此富三餘　지응전차부삼여

母老子孩貧且甚　모노자해빈차심
百般誰義有今行　백반수의유금행
從知萬事皆前定　종지만사개전정
肯作區區兒女情　긍작구구아여정

幼而知愛長知敬　유이지애장지경
人不虛生此世間　인불허생차세간
餘外窮通何足算　여외궁통하족산
先民皆自坦途環　선민개자탄도환

내 몸 있는 곳이 곧 내 집인데
만 리의 험한 파도 하늘에 닿았구나
언제나 평탄한 자 자네 같은 이 몇 사람인가
아노라 그대는 옛날 삼동에 공부가 많았지
                    -위는 문석환(文奭煥)에게 부침

늙은 어머니 어린 아이에 가난이 심한데
누가 자네 이 걸음을 뜻했으랴
만사는 본래 정한 것을 나는 알아
어찌 구구히 아녀자들의 정을 지으랴
                    -위는 남규진(南奎振)에게 부침

어릴 땐 사랑 알고 커서는 공경할 줄 알면
이런 사람이야 이 세상 헛 살지 않았네
그 밖에 궁하고 통함을 무엇 헤아리랴
옛 어진 사람들 모두 탄탄한 길로 돌아왔네
                    -위는 신현두(申鉉斗)에게 부침

同囚諸君太半露䯻勸使各製緇布冠以著之
동수제군태반로고권사각제치포관이저지

捲地西風俗尙移 권지서풍속상이
毀形裂冕此何時 훼형열면차하시
緇冠依倣宣尼制 치관의방선니제
動止從今可用儀 동지종금가용의

옥살이를 함께 하는 여러 친구들이 대개
상투를 드러내고 있어 이것을 보고 각기
치포관을 지어 쓰라고 권함

서양바람이 몰려와 우리 풍속을 ㅇ롬겨
머리 깎고 갓 찢으니 이 어느 때뇨
치포관은 공자의 제도를 의방하였지
동지할 때 반드시 예의를 갖추기를

衛戍營賦所見 위술영부소견

積雨初收淑氣生 적우초수숙기생
殊方玩物亦關情 수방완물역관정
去來軍艦兵威壯 거래군함병위장
下上樓臺客眼明 하상루대객안명
未料衰年居海國 미료쇠년거해국
可無餘日向王城 가무여일향왕성
浩歌一曲徘徊久 호가일곡배회구
數疊林巒夕照橫 수첩림만석조횡

위수영에서 본 바를 읊다

궂은 비 처음 개고 맑은 기운 생기니
타향에 관광하는 것도 이 정을 끄네
오가는 군함은 군사 위엄을 자랑하고
오르내리는 누대에는 손의 눈이 밝아오네
그늘막에서의 섬 생활을 누가 알았으리
뒷날 어찌 서울에 갈 때가 없으랴
긴 노래 한 가락 오래 배회하니
몇 겹의 산봉우리에 석양이 비꼈네

主人島雄蔣介借屋款接頗有慇懃底意與諸
君各賦一律書贈 주인도웅장개차옥관접파유
은근저의여제군각부일률서증

懸崖續筧引淸流 현애속견인청류
別界盤旋問幾秋 별계반선문기추
草樹連陰通細逕 초수연음통세경
蠶絲專業鬪層機 잠사전업벽층기
羨君活計山猶在 선군활계산유재
愧兒殘生水共浮 괴아잔생수공부
回首滄溟三渡地 회수창명삼도지
百般物態最玆遊 백반물태최자유

주인 도웅 장개가 집을 빌려주고 접대를 정성껏하여 심히 은근한 인정이 있기에 여러 사람과 같이 각기 시 한 수를 지어서 주다

낭떠러지에 홈통 이어 맑은 물 끌어대니
좋은 지역에 와 있는지 몇 가을이던가
풀과 나무 사이에 오솔길 통했고
잠업에 힘쓰니 세상 파란 잊었네
산처럼 안정된 그대 생활 부럽고
물같이 뜬 내 생활 부끄럽네
푸른 바다 세 번 건넌 것을 생각하니
수 없는 풍경 이때가 가장 좋네

通譯阿比留爲人遜良書贈一絶
통역아비유위인손양서증일절

夙夜君非自在身 숙야군비자재신
吾儕均是等閒人 오제균시등한인
乘時問訊眞多感 승시문신진다감
始識殊方亦有鄰 시식수방역유린

통역하는 아비류의 사람됨이 손량한 것
을 보고 시 한 수를 써주다

밤낮없이 그대는 자유의 몸이 아닌데
우리는 모두 일 없는 사람이네
역가마다 묻는 인정 참으로 감사하고
비로소 타국에도 이웃이 있음을 알겠네

步兵三澤增治乞詩 보병삼택증치걸시

孤懷壹鬱向誰開 고회일울향수개
拭眼淸標間日來 식안청표간일래
却爲方言難以解 각위방언난이해
古敎遠客覓詩回 고교원객멱시회

보병 삼택, 증치가 시를 구함

답답한 이 회포를 누구에게 말하랴
깨끗한 그대 모습 때때로 찾아주어 반갑네
말로 서로 통하기 어려워서
자주 나에게 시를 얻으러 오네

通譯大浦茂太乞詩 통역대포무태걸시

人如有作可移風 인여유작가이풍
形氣心情賦與同 형기심정부여동
邂逅一方談笑地 해후일방담소지
深知敏慧出群中 심지민혜출군중

통역 대포와 무태가 시를 구함

사람의 노력으로 풍속도 옮길 수 있으나
형기와 마음이 사람마다 같구려
우연히 만나 정다운 이곳에
뛰어난 그 재능 나는 잘 알겠네

述懷 술회

三旬廣廈養淸閒　삼순광하양청한
英瘁頻看鏡裡顔　영췌빈간경이안
報時鐘落嚴原港　보시종낙엄원항
向日舟過富士山　향일주과부사산
往事多干疑懼地　왕사다간의구지
浮名空載是非間　부명공재시비간
蕩蕩昊天臨在上　탕탕호천임재상
肯令吾輩不生環　긍령오배불생환

회포를 쓰다

한 달 동안 넓은 집에 한가히 있으니
살찌고 여윈 것을 자주 거울에서 보누나
때를 알리는 배는 부사산을 지나네
지난 일은 의구의 곳을 많이 범하고
뜬 이름은 무단히 시비에 오르건만
넓고 넓은 하늘이 내 위에 있으니
어찌 우리가 살아 돌아가지 않으랴

八幡神祠在囚館傍島俗以仲秋祭之連三日
男女老少會同遊賞 팔번신사재수관방도속이
중추제지연삼일남여노소회동유상

海外瞻聆此日新 해외첨령차일신
林林畢會城中人 임임필회성중인
禮神古俗云何自 예신고속운하자
事在天荒不記春 사재천황불기춘

팔 번 신사가 감옥 옆에 있어 섬 풍속이
매년 중추절에 삼일 동안 제사를 연속하고
남녀노소가 한 곳에 모여서 즐긴다

해외서 보고 듣는 것이 오늘 더 새로워라
많고 많은 성중 사람이 한 곳에 모였네
귀신을 예하는 옛날 풍속이 언제부터인가
그 일이 아득하여 해를 알지 못하네

贈通譯中島高 증통역중도고

妙年才識圩籯金 묘년재식랄영금
萍水逢迎屬意深 평수봉영속의심
四海營營爭利地 사해영영쟁이지
幾人能保丈夫心 기인능보장부심

통역 중도고에게

젊은 재식은 황금을 비웃을 만하고
객지에 서로 만나 정의도 깊어졌네
온 세계가 이익을 다투는 곳에
대장부 마음 가진 자 몇 사람이나 되는가

兵士陶山傳爲厥祖求詩
병사도산전위궐조구시

安間契活水雲邊 안한계활수운변
憂樂平生總任天 우락평생총임천
哿矣肖孫能解字 가의초손능해자
謂翁於我等行年 위옹어아등행년

병사 도산전이 그의 할아버지를 위하여 시를 구함

편하고 한가한 생활 중에 물가에서
근심과 즐거움 한 평생 하늘에 맡겼네
어진 손자 능히 글자를 알아서
제 할아버지 나이 나와 비슷하다네

通譯佐護質求詩 통역좌호질구시

溫溫基質屬芳年 온온기질속방년
尺籍從戎世業傳 척적종융세업전
孝父忠君根在我 효부충군근재아
孜孜勿負自然天 자자물부자연천

통역 좌호질이 시를 구함

젊은 나이에 그 자질도 얌전해
종군으로 여러 대 전해왔네
아버지에게 효도하고 임금에게 충성함이 자신에게 있으니
힘을 다하여 본연의 천성을 지켜라

步韻謝朴佐郞 奎容 보운사박좌랑 규용

海中秋色晚 해중추색만
孤鴈帶書行 고안대서행
成敗惟天命 성패유천명
何須問死生 하수문사생

박좌랑 규용이 보낸 시를 차운하여 사례함

바다에 가을이 늦으니
외기러기 편지를 가져왔네
성공과 실패는 오직 하늘에 달려 있으니
어찌 죽고 삶을 물으랴

依韻酬金亮日 洛昇 의운수김양일 낙승

鳥獸遍天下 조수편천하
黃河何日淸 황하하일청
故人寄書至 고인기서지
白叟讀秋聲 백수독추성

김양일 낙승이 보낸 시를 차운하여 답함

짐승이 천하에 가득 찼으나
황하 흐린 물은 언제나 맑으랴
옛 친구 편지 보내니
흰 머리로 가을의 소리를 읽네

贈吳聖陽 鳳承 증오성양 봉승

大地山河屬歲寒 대지산하속세한
驚君不計路行難 경군불계로행난
窮途移病何須問 궁도이병하수문
到底容身宇宙寬 도저용신우주관

오성양 봉승에게

대지와 산하가 이미 저문 해에 들었으니
그대 어려운 길 온 것을 놀랐네
마지막 길에 좋고 궂은 것을 무얼 말하랴
필경엔 너그러운 우주에 살 것을

贈林國炯 應喆 증임국형 응철

蒹葭白露一秋寒 겸가백로일추한
萬里覲行幾涉難 만리근행기섭난
聞說主人能重義 문설주인능중의
初筵酬接十分寬 초연수접십분관

임국형 응철에게

갈꽃 흰 이슬에 한 가을이 추우니
만리에 아버지 뵈올 걸음 험한 길이 몇 번인가
들으니 주인도 의리를 중히 여겨서
처음 보는 자리에 그 대접 퍽 너그럽네

祚兒告歸倉卒口號
조아고귀창졸구호

海色蒼茫曉氣寒 해색창망효기한
此時去住兩情難 차시거주양정난
吾生伸屈天惟在 오생신굴천유재
勉使家人笑語寬 면사가인소어관

아들 조아가 돌아간다고 하기에 급작스
럽게 부름

바다 빛은 창망한데 새벽 기운 차가우니
너는 가고 나는 남는 그 마음 정말 어렵구나
나의 죽고 사는 것은 하늘에 있을 뿐
집안사람들에게 아무런 걱정 말라고 해라

是日卽重陽也山川雖異黃花猶在感物述懷
시일즉중양야산천수이황화유재감물술회

羈中送子夢愈新 기중송자몽유신
海外誰憐海內人 해외수련해내인
漫記鄕山秋熟日 만기향산추숙일
黃花白酒喚朋隣 황화백주환붕린

이날은 중양절인데 산천은 비록 다르나 국화는 여전하므로 느낀 바 있어 회포를 읊음

객지에서 아이를 보내니 꿈도 더욱 새롭다
바다 밖에서 누가 바다 안 사람을 가엾게 여기는가
부질없이 옛날 고향 가을을 기억하네
국화술에 이웃 친구를 부를 때를

贈曺公習 在學 증조공습 재학

契託蓬麻歲月深 계탁봉마세월심
乘桴遠役趁秋陰 승부원역진추음
淵淵一水源頭活 연연일수원두활
勉副當年授受心 면부당년수수심

조공습 재학에게

조군 공습은 수십 년 옛 친구다. 오늘 같이 위험한 때를 당하여 그자신의 이해와 다른 사람들의 비웃음을 돌보지 않고 먼 바다 다른 지역을 자기의 집과 같이 생각하여 조금도 두려움과 꺼리는 뜻이 없으니, 이것을 어찌 쉽게 말할 것인가? 나는 병든 몸으로 일어나 짧은 시 한 수를 짓고 또 함께 있는 여러 사람으로 하여금 계속 화답하여 뒷날 참고에 대비하니 때는 병오년(1906) 9월 21일이다.

봉마*가 서로 의지한지 해가 깊었네
배 타고 먼 걸음 이 가을 당했구나
쉬지 않는 한 물 그 수원이 맑으니
옛 선생님의 그 주고받던 마음을 갚아야지

* 봉마(蓬麻) : 친구 사이를 두고 일컫는 말. 『논형(論衡)』 <솔성편(率性篇)>에 "쑥이 삼 가운데 나면 붙들지 않아도 스스로 곧아진다."고 하였다.

속집수록편

謫廬偶感 적려우감

三性開荒地 삼성개황지
五賢配食場 오현배식장
餘風猶不沫 여풍유불말
興感春暉長 흥감춘휘장

귀양 사는 집에서 우연히 느낌

삼성*이 처음 개척한 땅이요
오현*이 제사 받는 곳이네
남은 풍교 다함 없으니
느낀 마음에 봄날이 기네

---

* 삼성(三姓) : 제주(濟州)는 본래 탐라국(耽羅國)인데 옛날 양을나(良乙那), 부을나(夫乙那), 고을나(高乙那) 세 신인(神人) 이바위 구멍에서 나왔다고 함.
** 오현(五賢) : 제주의 귤림서원(橘林書院)에 제향한 김정(金淨), 송인수(宋麟壽), 김상헌(金尙憲), 정온(鄭蘊), 송시열(宋時烈) 다섯 사람을 말함.

黑山秋懷 흑산추회

半壁孤燈獨不眠 반벽고등독불면
蒼葭玉露曲江邊 창가옥로곡강변
心懸故國傷多病 심현고국상다병
跡滯殊鄕感逝年 적체수향감서년

흑산도에서 가을 회포

등불은 벽에 반짝이고 잠 못 이루어
갈대 찬 이슬 곡강이 여기로다
마음은 고국에 있어 병이 되고
몸은 타향에 머물러 가는 해 슬퍼하네

黑山叙懷 흑산서회

僻地誰憐楚客悲　벽지수린초객비
邂顔今日感親知　해안금일감친지
石田未半當年食　석전미반당년식
海艦平看萬里危　해함평간만리위
佛馬殘形迷往跡　불마잔형미왕적
絃歌餘俗問前期　현가여속문전기
仁情分合於斯別　인정분합어사별
請難離騷一曲詩　청난이소일곡시

一抹孤城鬪戌城　일말고성벽술성
長年絶罕海氛晴　장년절한해분청
不關層壁干宵立　불관층벽간소입
旋喜編廬著岸生　선희편려저안생
千里保障陰雨計　천리보장음우계
百年謫守幾人情　백년적수기인정

흑산도에서 회포를 펴다

벽지에서 누가 내 슬픔을 알리
우연히 만난 그대가 참으로 감사하네
돌밭엔 일년 양식의 반도 안 되고
바다 배는 만리에 위채함을 보겠네
불마의 옛 형상은 지난 자취 아득하고
현가*의 남은 풍속은 장래를 묻더라
사람의 마음 갈리고 합하는 것이 여기서
슬픈 한 가닥 시나 읊조리세

외로운 성이 변방 성을 지었으니
여러 해 바다 티끌 갤 때 없구나
하늘에 댄 절벽이 무슨 관계 있으랴
언덕 위 초가집이 더욱 좋네
천리의 보장 음우의 꾀라면
백 년 동안 귀양살이 몇 사람 정이런가

---

* 현가(絃歌) : 거문고와 노래 소리. 『논어(論語)』 〈양화(陽貨)〉 편에 나오는 말로 즉 예악(예악)이 있는 고장임을 뜻한다

深春病榻無餘事 심춘병탑무여사
佇向中江聽櫓聲 저향중강청노성

好與諸君依短城 호여제군의단성
層溟五月楚山晴 층명오월초산청
樛枝擁列孤鎭小 규지옹열고진소
斷壑中平一澗生 단학중평일간생
秋黃大麥蘇民病 추황대맥소민병
翠滴繁陰爽客情 취적번음상객정
只惟落日徘徊地 지유낙일배회지
怕聽怒濤激岸聲 파청노도격안성

깊은 봄 병상에서 할 일이 없으니
강 가운데 노젓는 소리 들으며 오래 서있네
그대들과 같이 성에 의지하기 좋으니
험한 파도 오월에 소산이 개었구나
벌어진 가지가 버티니 진 이 작고
끊어진 구릉 평평하니 한 시내를 이루었네
보리가 익으니 백성들 병이 낫고
푸른 그늘에는 손님 마음 상쾌하네
다만 저녁날 나 홀로 배회하는 땅에
성난 파도 언덕에 치는 소리기 듣기 무섭구나

4부

篠叢 洪裕孫 先生 詩

소총 홍유손 선생(1431~1529) 시

靑藜杖 청려장

讐書天祿日將西 수서천록일장서
金櫃玉函鎭幄犀 금궤옥함진악서
半夜眞人來太乙 반야진인래태을
一吹爛焰出扶藜 일취난염출부여
分明照盡蠅頭子 분명조진승두자
掀覽無餘蠹尾題 흔람무여채미제
杜撰舛訛歸正義 두찬천와귀정의
斯文萬古有階梯 사문만고유계제

청려장*

천록각에서 교서(교서)하던 중 해는 저무는데
책을 담을 금궤며 옥함에 약서**로 휘장을 눌렀네
야밤에 진인이 태을성으로부터 와서는
한 번 숨을 불자 청려장에서 불꽃이 일어났지
자디잔 글씨를 남김 없이 분명하게 비추니
힘찬 필체의 글씨들을 단번에 훑어보았네
이에 엉터리 오류들을 모두 바로 잡았나니
만고에 사문을 공부할 계제가 생기게 되었네

---

* 청려장(靑藜杖) : 이 시는 한(漢)나라 유향(劉向)이 고사를 읊고 있음. 유향이 한 나라 궁중의 장서각(藏書閣)인 천록각(天祿閣)에서 교서(校書)를 하고 있는데, 밤이 되자 황색 옷을 입은 한 노인이 청려장을 짚고 와 입으로 지팡이 끝을 불었더니 불꽃이 일어나 어둠을 밝혔다. 그리고 노인은 유향에게 『오행홍범(五行洪範)』의 글을 전수해주고는 새벽이 되자 떠났는데, 유향이 그 이름을 물었더니, 가지는 태을(太乙)의 정기라고 하였다 한다. 『삼보황도 각(三輔黃圖 閣)』
** 악서(幄犀) : 무소불로 만든 휘장을 누르는 물건

七夕 칠석

秋盡瑤墟銀漢遙　추진요허은한요
河邊烏鵲自相招　하변오작자상초
牽牛幾日思如結　견우기일사여결
織布多時恨未消　직포다시한미소
天感最憐離別久　천감최련이별구
雨零應和涕洟飄　우영응화체이표
爭歡邂逅論心事　쟁환해후논심사
怕却金鷄促報朝　파각금계촉보조

칠석

가을이 다해가는 하늘의 은하수 아스라한데
은하수 가에 까마귀 까치 서로 불러 모이네
견우는 요 며칠 동안 그리움이 맺혔고
직녀는 오랜 시일 한이 사라지지 않았네
하늘의 정이 오랜 이별을 몹시 불쌍히 여기니
떨어지는 빗물 속엔 은앙 눈물이 섞여 뿌리리
서로 만나서 회포를 푸는 것이야 기쁘지만
금계*가 울어 아침을 재촉할까 그게 걱정이네

---

* 금계(金鷄) : 천상(天上)에 있다는 닭으로, 이 닭이 울면 인간 세상의 닭
들이 따라서 운다고 함.

夜起啜粥 야기철죽

西風吹徹意先輕 서풍취철의선경
拓戶見星欲五更 척호견성욕오경
作粥試淘新粟米 작죽시도신속미
糝羹仍斫野菘莖 삼갱잉작야숭경
盈壚擎手落顔影 영류경수낙안영
刺匕入脣開齒聲 자비입순개치성
分與眼前炊母喫 분여안전취모끽
小兒睡起索還鳴 소아수기색환명

밤에 일어나 죽을 먹으며

서풍이 불어오니 마음 벌써 설레요
지게문 열고 별을 보니 오경이 가까웠네
죽을 끓이기 위해 햇좁쌀을 씻고
나물죽에는 여전이 송기를 벗겨 넣네
죽이 담긴 질그릇을 드니 얼굴이 비치고
숟갈로 떠 입술에 넣으니 입맛 다시는 소리
눈앞에 죽 끓인 어미에게 나누어 주었더니
아이들이 잠에서 깨어 달라고 조르네

述懷 술회

三十年前期不禁 삼십년전기불금
高山大水喜登臨 고산대수희등임
四方走路入雙屨 사방주로입쌍구
萬卷古言儲寸心 만권고언저촌심
細事豈曾憂樂我 세사개증우락아
閑情唯有短長吟 한정유유단장음
如今坎壈兼衰老 여금감람겸쇠로
只欲靜居一室深 지욕정거일실심

마음을 풀어놓다

삼십년 전에 넘치는 기운 가누지 못해
높은 산 큰 물을 유람하길 좋아했지
사방의 길들이 모두 내 신발 아래 들어오고
만권의 고인 말씀 가슴 속에 쌓아두었네
자질구레한 일 따위야 어찌 내 마음 흔들랴
한가한 심정이라 시구를 읊는 일이 있을 뿐
지금은 곤궁한 처지에 노쇠한 몸이라
단지 방 안에서 그저 조용히 보내고 싶구나

憶長安 억장안

男兒生世肯謀閑 남아생세긍모한
天外久遊多苦顔 천외구유다고안
路隔雨仍濛大海 로격우잉몽대해
身留心己到長安 신유심기도장안
秋宵達曙坐無睡 추소달서좌무수
愁緖多端思未闌 수서다단사미란
傍草寒虫知我覺 방초한충지아각
群鳴相弔轉辛酸 군명상조전신산

장안을 생각하며

남아가 세상에 나서 어찌 편안함을 도모하랴
천애벽지에 오래 머물매 얼굴 찌푸릴 일 많아라
길을 가로막은 대해엔 여전히 비가 내리고
몸은 머물러도 마음은 이미 장안에 이르누나
가을밤이 동이 트도록 잠 못 이루고 앉았노니
시름이 너무 많아 생각이 갈피를 잡지 못해라
풀숲에 가을벌레가 내가 깨어 있는 줄 알고
위로하는 양 떼지어 우니 마음이 더욱 쓰리구나

月夜出城 월야출성

秋深山郭滅纖烟 추심산곽멸섬연
開遍里門村犬眠 개편리문촌견면
白月懸空天似畵 백월현공천사화
淸風動樹夜如年 청풍동수야여년
寒虫鳴筑依衰草 한충명축의쇠초
淨露綴珠滿野田 정로철주만야전
柱杖高吟有餘興 주장고음유여흥
神澄骨爽欲登仙 신징골상욕등선

달밤에 성을 나서다

가을 깊은 산성에 씻은 듯 안개 걷히니
집집이 문은 열려 있고 개들이 조는구나
밝은 달이 허공에 걸려 하늘은 그림같은데
청풍이 나무를 흔들고 밤은 일년처럼 기네
가을벌레는 처량히 울며 풀숲에 숨어있고
맑은 이슬 실에 꿴 구슬처럼 들판에 가득하네
지팡이 짚고 높이 읊조림에 흥이 넘치니
정신이 맑고 뼛골이 시원하여 우화등선하려네

使相送鹿脯 사상송녹포

營皂早來折簡傳 영흡조래절간전
出門迎入勸盃先 출문영입권배선
伊尼乾聶潤紅玉 이니건섭윤홍옥
吉貝密縫光白絹 길패밀봉광백견
縱忌開封躬起拜 종기개봉궁기배
精神感德淚零晚 정신감덕루영만
卑微身世生涯晚 비미신세생애만
他日將何報大賢 타일장하보대현

목사가 사슴포를 보내왔기에

관청하인이 이른 아침 편지를 가져왔기에
문을 나가 맞아들여 술잔을 우선 권하였네
저며서 말린 사슴포 홍옥처럼 붉게 빛나고
꼭꼭 여민 무명 흰 깁인양 빛나누나
서둘러 봉함을 열어보고 일어나 절하노니
정신이 은덕에 감동하여 눈물이 비오듯 흐르네
비천한 이 몸은 생애가 이미 저물어가니
훗날 이 큰 은혜를 무엇으로 보답할 것인가

奉辭使華 봉사사화

使相䢜奉拜辭 사상아귀봉배사
山東秋月欲辰時 산동추월욕진시
滿盃美酒粘粳醞 만배미주점갱온
盈耳嘉言大雅詩 영이가언대아시
醶賜銀魚府甕口 갑사은어부옹구
爻添繡蒜彈盟眉 효첨수라타맹미
叩頭匍匐出門外 고두포복출문외
別意茫茫迷所之 별의망망미소지

삼가 사신과 작별하다

사신이 관아로 도아감에 삼가 작별하니
산동의 가을 달밤 진시에 가깝구나
잔에 가득한 좋은 술은 찹쌀로 빚은 것이요
귀에 가득한 아름다운 말은 대아 시편이로세
찬합에 담은 은어는 입을 가지런히 모았고
안주로 나온 오이는 눈썹처럼 휘어졌구나
머리를 조아리고 엉금엉금 문밖을 나서니
이별하는 마음 아득하여 갈 곳을 모르겠네

待風出城 대풍출성

須信他鄕勝故鄕　수신타향승고향
兩兒苦別轉堪傷　양아고별전감상
厭看官柳添離恨　염간관유첨리한
愁聽角聲挽去腸　수청각성만거장
回首拏山高崒屼　회수라산고줄올
送眸溟海曠微茫　송모명해광미망
行行麗譙隔重阜　행행려초격중부
日帶薄雲照淡裝　일대박운조담장

바람 불기를 기다려 성을 나서다

타향이 고향보다 나음을 믿어야 할지
두 아들과 괴로운 이별에 더욱 마음 아파라
관청의 버들을 싫도록 봄에 이별의 정 더하고*
뿔피리소리 시름겹게 들으니 창자가 에이어라
고개를 돌려보니 한라산은 높이 솟았고
논길을 멀리 보내니 창해는 아득히 넓고나
가고 가니 높은 누각은 첩첩 산 너머 멀어지고
석양이 엷은 구름장을 띠고 여장을 담담히 비추네

* 관청의…… 더하고 : 옛날 중국에서 이별할 때 버들을 꺾어 정표로 주었던 풍습이 있었던 것에서 한 말임

行箱紙盡 得句不敢寫
행상지진 득구불감사

三旬傍海阻西風 삼순방해조서풍
不獨行裝見底通 불독행장견저통
側理己爲烏有子 측리기위오유자
銀鉤赤作涉無公 은구역작섭무공
石虛中處陳玄遠 석허중처진현원
麴秀才前栗尾封 국수재전률미봉
從此情愁臨不得 종차정수임불득
晝晴獨白睡濛濛 주청독백수몽몽

여행 상자에 종이가 떨어져 시구를 얻었으나 적지 못하다

한 달을 해변에서 서풍에 막혀 있자니
여장이 바닥난 것이야 말할 것도 없고
종이도 이미 다 없어져 버리는 통에
글씨를 아무 곳에도 쓸 수가 없구나
벼루 속에는 먹물이 이미 떨어졌고
술잔 앞에서 붓도 꼭꼭 여며 두었네
이젠 시름이 일어도 쓸 수가 없으니
맑은 대낮에 홀로 혼몽히 졸고 있네

入楸子島 입추자도

1.
一島南崖與北崖 일도남애여북애
純巖萬仞圍如削 순암만인위여삭
千年不長立矮松 천년불장입왜송
兩眼未經啼怪雀 양안미경제괴작
石寶唅呀瓮口如 석보함하옹구여
波頭出入人聲若 파두출입인성약
執枝頓足是心痒 집지돈족시심양
落影陸離龍必愕 낙영육리용필악

추자도에 들어가다

1.
한 섬의 남쪽 해변과 북쪽 해변에
깎아지른 만길 바위들만 아름드리 서 있네
천 년이 되도록 자라지 않는 작은 솔이며
예전에 본 적 없는 괴이한 울음의 새들
잎을 벌린 바위 동굴은 항아리만 같고
출몰하는 파도는 마치 사람 소리인듯
나뭇가지를 잡고 발을 디디니 마음이 떨려
어지럽게 비치는 그림자에 용이 필시 놀나리

2.
靑草細長衆壑平 청초세장중학평
偏産林淺竹陰淸 편산임천죽음청
折腰住杖行幽邃 절요주장행유수
矯手扶蔓賞蔟榮 교수부만상유영
最上高峰登眺望 최상고봉등조망
極邊露島列縱橫 극변노도열종횡
微茫碧海大於地 미망벽해대어지
上下難分迷後明 상하난분미후명

2.
가늘고 긴 푸른 풀 산골짜기는 평평한데
온 상에 숲은 적고 대숲 그늘이 서늘해라
허리를 꺾고 지팡이 짚고 그윽한 곳 거닐고
손들어 덩굴을 잡고 우거진 풀숲 완상하네
가장 높은 봉우리에 올라 사방을 조망하니
눈길 닿은 저 머리에 종횡으로 늘어선 섬들
아스라이 푸른 먼 바다는 육지보다 커서
상하도 전후도 도무지 분간키 어렵구나

題金剛山 제금강산

先生檀帝戊辰歲 선생단제무진세
眼及箕王號馬韓 안급기황호마한
留與永郞遊水府 유여영랑유수부
又牽春酒滯人間 우견춘주체인간

금강산에 제하다

단군이 즉위한 무진년보다 먼저 태어나
기자(기자)의 나라 마한도 눈으로 보았지
영랑*을 만류하여 물가에 노닐게 하고는
다시 봄 술에 취해 인간 세상에 머물게 했지

---

* 영랑(永郞) : 신라 때 삼일포(삼일포)에 내려와 놀았다는 네 명의 신선 중 한 명. 삼알포의 아름다운 경치가 네 명의 신선을 이끌어 천상에서 내려오게 하고 인간 세상에 사흘간이나 머물게 하였다는 뜻임.

圓覺寺東上屋 金守溫徐居正洪允成呼韻
時金時習悅卿在座之右 원각사동상옥 김수
온서거정홍윤성호운 시김시습열경재좌지우

與勞非穀强賢臧 여로비곡강현장
爭似丁刀更善藏 쟁사정도갱선장
雪裏草衣肥盎軟 설이초의비익연
日中木食腹猶望 일중목식복유망
靑山綠水吾家境 청산록수오가경
明月淸風孰主張 명월청풍숙주장
如寄生涯宜放浪 여기생애의방랑
還思名敎共天長 환사명교공천장

德業文章萬選臧 덕업문장만선장
眼空宇宙九流藏 안공우주구류장
風雲氣象容群動 풍운기상용군동

원각사 동상실에서 김수온, 서거정, 홍윤성이 운을 부르며 시를 지었는데, 당시 김시습 열경이 좌석 우측에 있었다

수고하고 녹 안 먹어 억지로 어진 것이
어찌 포정*의 칼을 잘 감추어둠만 하리오
눈 속에 풀 옷은 실찔수록 더욱 부드럽고
한낮에 열매를 먹으니 배 오히려 부르구나
청산과 녹수가 바로 내 집의 경계거니
명월과 청풍은 대체 그 누가 주인인가
나그네 같은 인생살이 방락이 제격이나
명교**가 하늘과 더불어 장구하길 바라노라

덕업과 문장이 더 없이 훌륭하니
우주가 안중에 없고 구류의 학문 지녔네
풍운의 기상은 뭇 생명을 널리 포옹하고

---

* 포정(庖丁) : 『장자』 양생주(養生主)에 나오는 인물로, 소를 잡는데 칼을 놀리는 솜씨가 매우 능란하였음. 어떠한 분야에 조예가 아주 깊음을 비유함.
** 명교(名敎) : 인륜의 명분에 관한 가르침으로, 유교(儒敎)를 뜻함.

海岳精神鎭物望　해악정신진물망
第宅居閑樽有禁　제택거한준유금
軒車行暑蓋無張　헌거행서개무장
重瞳千載文明主　중동천재문명주
三接細氈論道長　삼접세전논도장

莫問前三與後三　막문전삼여후삼
且傾瓦鉢酒如泔　차경와발주여감
奔忙闤闠塵埃暗　분망환궤진애암
和暖祇園草樹酣　화난기원초수감
佛樂成終香篆短　불락성종향전단
齋飡餕散啄鳥甘　제손준산탁조감

해악의 정신은 능히 물망을 진압하네
집에서 한가히 지낼 때엔 술 금함이 있지만
더위 속을 갈 적엔 수레 덮개가 없어라
중동*은 고금을 통해 문명한 세상 임금이니
하루 세 번 신하를 접견하여 도를 논하누나

전삼삼 후삼삼**일랑 묻지를 말고
우선 질발우에 담긴 막걸리를 마시게
분주한 저잣거리엔 티끌이 어두운데
화창한 기원정사***엔 풀과 나무 싱싱하네
염불소리 끝나니 향 연기가 짧고
재 지낸 뒤 대국밥 흩으니 새들이 쪼누나

---

* 중동(重瞳) : 순(舜)임금의 눈동자가 겹으로 되어있었다 함. 여기서는 당시의 임금을 뜻함.
** 전삼삼후삼삼(前三三後三三) : 당나라 무착선사와 문수보살과의 문답에서 나온 말. 무착선사가 문수보살에게 이곳 대중은 얼마나 되느냐고 묻자, 문수보살이 "앞도 삼삼이요 뒤도 삼삼이다"라고 하였다 함. 여기서는 단순히 이곳에 있는 사람의 숫자를 뜻하고 있음.
*** 기원정사(祇園精舍) : 석가(釋迦) 당시 인도에 세워졌던 가장 대표적인 사찰로, 여기서는 절을 의미하고 있음

掀雲木覓山腰過　흔운목멱산요과
來聽川人義理談　래청천인의리담

雅量滄波萬頃三　아량창파만경삼
洗手士氣濁於甘　세수사기탁어감
今犀帶暎金沙動　금서대영금사동
玉筍班廻玉斝酣　옥순반회옥가감
垂柳欄干呈爽景　수류난간정상경
瀉茶磁碗奉淸甘　사다자완봉청감
吹風晝漏傳聲數　취풍주루전성수
天欲偸閑亟縱談　천욕투한극종담

구름자락 헤치고 목멱산* 허리 지나
이곳에 와서 천인 의리 고담준론을 듣노라

삼만 이랑의 푸른 물결인양 드넓은 아량
쌀뜨물보다 흐린 선비의 기슴을 씻었네
금서**는 금모래에 비치어 움직이고
옥순***은 둘러앉아 옥 술잔에 취하누나
실버들 드리운 난간은 상쾌한 풍경 바치고
차를 쏟은 다관(다관)은 맑고 단맛을 울리네
바람 불어 물시계에 소리 급히 들리더니
하늘이 틈을 내어 한바탕 담론 펼치려나

---

* 목멱산(木覓山) : 서울의 남산
** 금서(金犀) : 황금과 물소 뿔. 벼슬아치들의 인장이나 허리띠의 장식을 말함.
*** 옥순(옥순) : 옥으로 빚은 죽순으로 빼어난 인재를 비유하는 말. 『新唐書 李宗閔傳』

5부

佛頂 洪至誠 先生 詩

불정 홍지성 선생(1528~1597) 시

別 峒隱 李宜仲 (義健)
별 동은 이의중 의건

瀚海三年別 한해삼년별
湖西數日懽 호서수일환
群山含積雪 군산함적설
萬屋受隆寒 만옥수융한
世難分離苦 세난분리고
時危道路難 시위도로난
泰應從否極 태응종부극
好去住平安 호거주평안

동은 이의중 (의건)과 이별하며

한해*에 삼년 동안 이별하였고
호소에서 며칠 동안 즐거웠지
많은 산들은 쌓인 눈을 머금고
일 만 집들은 매서운 추위 받누나
세상이 분란함에 이별이 괴롭고
시국이 위태함에 도로가 험해라
태평은 비색한 끝에 오는 법**
부디 가서 평안히 지내시라

---

* 한해(瀚海) : 몽고의 고비사막. 여기서는 변방을 뜻하는 듯함.
** 태평은⋯⋯ 오는 법 : 『주역(周易)』에 태평함을 나타내는 태괘 다음에 비색(비색)을 나타내는 비괘(비괘)가 이어져 있음.

思庵先生詩次韻 사암선생시차운

道氣茅君世 도기모군세
仙曹許椽家 선조허연가
靑衿垂訓誨 청금수훈회
黃髮隱烟霞 황발은연하
牢落村春斷 뢰낙촌용단
蒼茫野興賒 창망야흥사
天旌今未覩 천정금미도
爲子一長嗟 위자일장차
索居心太古 삭거심태고
來自奠邦家 래자전방가
聽水隣明月 청수인명월
觀山傍紫霞 관산방자하

사암 선생의 시에 차운하다

도기는 모군*의 후세이고
선조는 허연**의 집안일세
푸른 옷소매에 가르침을 드리우고
누른 머리로 연하에 숨었고나
낙척한 신세 양식도 끊겼지만
창망한 들판에 흥취가 많아라
천정***을 지금 보지 못하니
그대 위해 길게 한 번 탄식하노라
홀로 쓸쓸히 삶에 태고적 마음
나라 안정시킨 집안에서 왔구려
물소리 들으며 밝은 달을 이웃하고
산을 보면서 자색 노을을 짝하누나

---

* 모군(茅君) : 전설상에 중국 구용(句容)의 구곡산(九曲山)에서 수도하여 신선이 되었다는 삼형제. 『南史 隱逸傳 下』
** 허연(許掾) 진(晉)나라 때 고사(高士) 허순(허순). 당시의 고승 지도림(支道林)이 손작(孫綽)에게 "그대와 허연을 비교하면 어떠한가?"하니 손작이 답하기를, "고원한 정치(情致)는 제가 이미 탄복했거니와 시를 읊는 것이라면 그가 나에게 무릎을 꿇어야 할 것입니다."하였다 함.
*** 천정(天旌) : 태미원(太微垣)의 별로. 제왕의 뜰을 의미함.

異時傳道永 이시전도영
今日避塵賖 금일피진사
學易鯫生志 학이추생지
年衰不足嗟 년쇠불족차

훗날 도를 길이 전하려고
지금은 티끌 세상 멀리 피했구나
주역을 배우려는 게 추생의 뜻이니*
나이 많음은 탄식할게 없다네

---

* 주역(周易)을…… 듯이니 : 『論語』〈述而〉편에 공자가 "하늘이 나에게 몇 년의 세월을 빌려주어 『주역(周易)』을 공부하게 해준다면 큰 허물이 없게 될 것이다."라 하였음.

降雪後 강설후

玉樹瓊林共壓頹 옥수경림공압퇴
無人搖棹月中來 무인요도월중래
却嫌野鶴傳淸景 각혐야학전청경
一笑荊扉手自開 일소형비수자개

눈 내린 뒤

하얀 옥인양 수림이 적설에 지그시 눌리건만
밝은 달 아래 노저어 오는 이 아무도 없어라
들 학이 저 맑은 경치 독차지함이 싫어서
한번 웃고서 사립문을 열어젖히고 나가노라

6부

金文谷 諱 壽恒 留贈 參奉公分山詩
김문곡 휘 수항(1629~1689) 유증 참봉공분산시

參奉公 贈 大司憲 金聖大 答詩
참봉공 증 대사헌 김성대(1622~1695) 답시

白雲山 留贈金君聲大 백운산 유증김군성대

- 金文谷 諱 壽恒 留贈 參奉公分山詩
- 김문곡 휘 수항 유증 참봉공분산시

瓊巖琪樹玉爲溪 경암기수옥위계
再入仙源路不迷 재입선원로불미
茅洞卜隣從此始 모동복린종차시
與君分占水東西 여군분점수동서

백운산에 사는 김성대에게 기증함

- 김문곡 휘 수항 유증* 참봉공분산시

아름다운 빛깔의 바위와 나무 옥과 같은 시냇물이 흐르는 곳에
다시 와 보아도 신선의 길처럼 끊임없고 무엇에도 홀리지 않네
모동**에 거처를 정하게 된 것은 이웃이 좋은 것에서 비롯되었고
그대를 위해 산을 수동서*** 나누니 자손만대 의리를 지켜가세

* 留贈(유증) : 머무를유, 줄증, 남겨준다는 분산(分山)의 뜻임, 기증, 드림
** 茅洞(모동) : 포천시 이동면 연곡(鷰谷)의 옛 지명 (제비연 : 燕 = 鷰)
　　　　　　　(*現在 연곡4리 燕谷4里 = 제비울)
　　　　　　　초가(草家)나 띠집(짚 이나 풀로 지붕을 얹은 집)은 아님
*** 水東西(수동서) : 개울의 동서 = 산을 나눔(分山)을 뜻함

參奉公詩 참봉공 시

- 參奉公 贈 大司憲 金聖大 答詩 참봉공 증 대사헌 김성대 답시

石上長松松下陰 석상장송송하음
幽人抱月照氷襟 유인포월조빙금
何須九老遊蓮社 하회구로유연사
不羨羣賢會竹林 불선군현회죽림
幸有詩翁多意緖 행유시옹다의서
爲將佳景入淸吟 위장가경입청음
詠歌未足嗟嘆久 영가미족차탄구
不覺西山路沉沉 불각서산로침침

참봉공 시

- 참봉공 증 대사헌 김성대 답시

바위 위 긴 소나무 솔 그림자 드리웠고
은자가 안은 달빛 마음 맑게 비추네
어찌 굳이 아홉 노인 모임에서 놀겠는가
어진 이들 대숲에서 모인 일 안 부럽네
다행히 시인 있어 정서가 많아져서
앞으로 좋은 경치 맑은 노래 들게 하리
읊는 노래 부족해도 찬양은 이어지나
서산 길 침침함에 깨닫지 못하리라

포천문향천년 3집
을사년 섣달 그믐날에
초판인쇄일 : 2011년 12월 7일
초판발행일 : 2011년 12월 10일

지 은 이 : 면암 최익현, 소총 홍유손, 불정 홍지성, 수항 김문곡, 촌로 김성대
발 행 처 : 포천문인협회
발 행 인 : 이 원 용
편 집 인 : 홍 찬 기
주   소 : 경기도 포천시 군내면 청성로 111 포천반월아트홀 내
           포천문인협회(우) 487-878
전   화 : 031) 531 - 8181
팩   스 : 031) 532 - 8240

펴 낸 곳 : 도서출판 문학공원
펴 낸 이 : 김 순 진
주   소 : 서울시 동대문구 신설동 난계로 26길 17 (구 114-89번지)
           삼우빌딩 C동 302호(우편번호 130-814)
전   화 : 02) 2234-1666, 팩스 02)2236-1666
E-mail : ksj5562@naver.com

* 이 책은 경기도 포천시의 지원을 받아 제작하였습니다.